U0101974

开心太极

张涛
吴笑天 著
董梦妤

人民东方出版传媒

东方出版社

# 目　录

# 下　编

## 开心太极球的生成和释解

# 序

## （可开之心）

"天地玄黄，宇宙洪荒。"

在智慧的东方，在神秘的古国，有一个巨大的谜团，千古未解；掬一团黑白典章恣肆汪洋……那便是由神秘的"太极"文化而产生的东方智慧，博大精深，浩瀚无垠。茫茫宇宙之阔，繁杂品类之盛，芸芸众生之广，无不囊括其中。

由史洪岳先生倡导并全力推进，《开心太极》一书酝酿数年，终于即将付梓而"开心"面世。因爱好相通，情趣相投，与作者诸友交流颇多，并多次参加有关"太极文化"之研讨会，今闻该书得以出版，欣慰之余，余亦开心！

《开心太极》，寓意深奥，哲理纵深，玄机无限……含万物之达理，包天地之玄机，藏宇宙之奥秘，蕴太极于九合……日月之理竟于其间，黑白相融汇于和合，上下之妙哲于理中……由太极而两仪而四象而八卦……循环往复，以至无穷。此乃中华文化之大成者，传统文化之新解，秉新意于道统，开亘古之新天，付意义于现实，开太极之新篇……

重道于器，道器相关。

开心太极球，以器载道，道合于型，黑白之灵动，型美而丰盈……"大道至简"之理合于其内，天地开明之情飞于黑白。"开心太极球"外形简单明了，一目了然，而哲奥深含，亘古无双。

出于太极图之本源，开创立体构型之先河，隐含天地之道，万物之理……流变曲面立体交叉之负空间玄妙无穷，世间凡所存之象无不有之……

前些年，在沪参加红学会组织的"红楼梦研讨会"，余曾胡诌一首打油，诗曰：

红学诸君会浦江，

细论红楼味更长。

曹公书中最深处，

亦真亦假亦茫茫。

（亦"甄"亦"贾"）

而今又曰：

亘古道统论天罡，

乾坤玄奥本无常。

此中妙处君须记，

开心道理书中藏。

（天开地心，理开人心）

《开心太极》三编九节，结构严谨，逻辑通顺，条理清晰。既对太极与太极图进行了学术上的梳理，又对开心太极与开心太极球的孕化进行了理论上的阐述，尤其是对东西方哲学文化，与"人类命运共同体"等关联性思考具有一定的积极意义。

太极至理、至深、至玄、至简……太极开心之日，人类大同之时。

　　顺祝大家开心！

　　是为序

丁一

庚子年六月十三

作于禅庐草堂

# 自　序

　　易学与太极文化发源于华夏文明之始，象天法地，推参天机，架构宏阔，博大精深，图示精致，义理奥秘，几千年古老有序的传承，形成中国人独有思想与方法体系，在人类文明和哲学思想宝库中独树一帜，内含天文、数理、逻辑与诸多科学。随着宇宙探索、现代科技的迅猛发展，易学与太极对于宇宙和人类发展运动研究实践的伟大意义越来越被世人重新了解认知，其所贡献的独特智慧和方法令世人着迷惊叹，变与不变，吉与凶，阴与阳，包含着深刻简明的道理。笔者几人尝试在前人易学的基础上做一些探索，以前人的研究为史，以最新的科技、学术观点、考古发现为补充，知古鉴今，学易明智，古今互鉴。糅杂一些不成熟的文字，供各位老师和易学爱好者批评指正切磋共研。复杂的事物，必然有多重的评价与中心角度，这句话放到易学的太极文化上，也是成立的。比如，太极图的演绎与易学思想——无论河洛、伏羲、舜帝、周文王、老子与孔子，还是王弼、朱熹，中心都是在天人相应的学术思想指导下研究万事万物运行规律及其相互关系，再造宇璇。

太极已经成为中国乃至东方文化的一种符号象征，成为促进东方文化与西方文化交流的重要桥梁和纽带。太极的创始，也是"四大发明"之外中华民族伟大创造力的又一次展示。2020年12月17日，"太极拳"成功列入联合国教科文组织人类非物质文化遗产代表作名录，不仅证明太极拳这一极具中国文化标识性的运动为全世界人民所喜爱，也标志着中华优秀传统文化核心内容的易学思想、太极理论将会为全世界贡献更大的中国智慧，为构建人类命运共同体发挥积极作用。

本书在策划、编撰以及相关工作的过程中得到了众多领导、专家、学者的大力支持，特此一并致谢（以姓氏笔画为序）：

丁一、丁孟、干春松、于斌、王岩、王矗、王长征、王中江、王化平、王守成、王忠善、车传祥、邓瑞全、史洪岳、朱彦民、任进、任俊华、刘丰、刘卓军、刘俊峰、张杉、张广军、张诚达、张罗春、张铁成、李冉、李戈宁、李文伟、李光富、李伟业、李信军、李博生、李筱艺、何海生、宋建国、林添伟、杨效雷、赵彬、陈黎阳、岳峰、岳庆平、郑开、周怡、周春光、周桃林、周雷杰、邱爽、徐德明、梅燕雄、蒋坚永、鲁洪生、温海明、游理宗、雷原、谭德贵、樊军民。

2020 年 9 月 7 日

# 引　言

　　习近平总书记指出："中国太极文化由来已久。""我们最能领会阴阳相生、刚柔并济的古老哲理。"❶太极文化，作为一种跨越时空、超越国度、以阴阳理念为核心的优秀传统文化，不仅融汇于华夏子孙的血脉里，同时也体现在具有相似文化基因的国家意志中，并展现于众多学者对自然、社会与人类思维的探索中。

　　作为世界上最简单、最完美、最有内涵与外延的文化符号——太极图在人类进步与自然演化的和谐发展中，在至圣先贤不断传创的历史积淀中，在中华民族数千年"阴阳和合"之文化的滋润下，构成了华夏文明最具哲思的本源文化，凝结成了人类璀璨的中国传统而

---

❶ 习近平：《共创中韩合作未来　共襄亚洲振兴繁荣——在韩国国立首尔大学的演讲》，《人民日报》2014 年 7 月 5 日。

优秀的特色文化。

人们在仰观于天、俯察于地、近取诸身、远取诸物之中，不断地感悟和创生着物象。人们在立象尽意、度象观道、以类万物、以穷万事之中，不断地启迪与增长着智慧。中和之儒、阴阳之道、圆融之佛，均蕴含与展现在这个神秘、神奇的太极图中，并得以发展。

随着中国特色社会主义进入新时代，如何持续推动中华优秀传统文化的创造性转化和创新性发展，成为我们这代人的神圣使命。为此，开心太极球研究团队历经 10 年的思索、设计与研制，在对太极、太极图和太极文化进行深入研究后，应用流变曲面空间立体交叉技术，将平面的太极图转化为立体的开心太极球。开心太极球承载着太极的光明大道，开悟心性，修养人德，开启心智，增升智慧，不仅给人们带来 21 世纪中国逐梦时代的哲学思考，也将通过艺术性作品的创制与诠释，让开心太极之"和合"文化深入民心，走向世界，走向未来。中华文明素来崇尚"器以载道"，正所谓"形而上者谓之道，形而下者谓之器"。离开了太极，太极图与开心太极球就是无根之木、无源之水；反之，离开了太极图与开心太极球，太极的文化与理念也难以得到更加完美的诠释。在道以器显、器以载道的渐进发展中，太极文化也得到了不断传承与创新，进而为实现中华民族伟大复兴中国梦提供着重要的文化支撑。

中国人的哲学思维就像一个太极图，是整体关联、动态平衡和自然合理的……

楼宇烈
2020.8.31.

## 上　编

# 太极的历史和内涵

　　说到太极，人们或许会想到太极拳，或许会想到独特的太极旗，或许会想到中医药学中的阴阳调和，又或许会想到儒道佛文化中蕴含的太极思想。但这些只是太极文化的重要组成部分，而太极的内涵和外延是极其深邃与广博的。

## 第一节　太极的产生

　　太极是以阴阳为核心的一种哲学理念。"阴阳和合"的思想是中华文明中最古老的基因，在日复一日的昼夜交替、日月变换中，远古先民仰观于天、俯察于地、近取诸身、远取诸物，不断加深着对阴阳的体悟和理解。

　　通过分析留存至今的大量彩陶图像，比如仰韶文化出土的人面鱼纹和鸟啄鱼图案，以及马家窑文化的陶器纹饰，可以清楚地看到，阴阳思想早在中华文明的初始阶段就已成熟，甚至出现了已知最早的阴阳鱼太极图。可以说，阴阳是中华文明的主要基元，是中华文化的主要源头。太极是与中华文明相伴而生的最古老基因，并成为中华文明不可或缺的代表性组成部分和历久弥新的重要底色。❶

见诸文字记载的"太极"要迟至春秋战国时期才出现。关于"太极"二字最早出现于何处，学术界历来有两种不同说法。第一种说法认为最早出现于《庄子·内篇·大宗师》：

---

❶ 张立文：《中国哲学范畴发展史·天道篇》，中国人民大学出版社1988年版；葛荣晋：《中国哲学范畴通论》，首都师范大学出版社2001年版；刘远东：《太极辩证法：现代太极哲学的构建》，九州出版社2018年版；邓球柏：《论"大恒""太极""太极图"》，《湘潭大学学报》（社会科学版）1988年第4期；[日]山井涌：《朱子哲学中的"太极"》，吴震、[日]吾妻重二主编《思想与文献：日本学者宋明儒学研究》，华东师范大学出版社2010年版，第66—83页；王汐朋：《"太极"的概念及时间涵义》，《中山大学学报》（社会科学版）2012年第2期；赵中国：《传统易学论域中太极之义的变迁》，《河南大学学报》（社会科学版）2013年第6期。这些研究都是旨在从文献的角度出发，通过归纳和总结的方式，分析探讨"太极"概念以及其中所反映的思想动态的理解。

夫道，有情有信，无为无形；可传而不可受，可得而不可见；自本自根，未有天地，自古以固存；神鬼神帝，生天生地；在太极之先而不为高，在六极之下而不为深，先天地而不为久，长于上古而不为老。❶

**译文**："道"是真实而又确凿可信的，然而它又是无为和无形的；"道"可以感知却不可以口授，可以领悟却不可以面见；"道"自身就是本、就是根，还未出现天地的远古时代，"道"就已经存在；它引出鬼帝，产生天地；它在太极之上却并不算高，它在六极之下也不算深，它先于天地存在还不算久，它长于上古还不算老。

第二种较为普遍的说法则认为最初见于《周易·系辞上传》：

是故易有太极，是生两仪，两仪生四象，四

---

❶　（清）郭庆藩撰，王孝鱼点校：《庄子集释》，中华书局1961年版，第247页。

象生八卦，八卦定吉凶，吉凶生大业。❶

**译文**：所以周易中有太极，生成两仪，两仪生成四象，四象生成八卦，八卦推断吉凶，吉凶成就大业。

众所周知，庄子，名周，宋国蒙人，战国中期思想家、哲学家、文学家，是继老子之后道家学派的重要代表人物，与老子并称"老庄"，代表作品为《庄子》。对于《庄子》的成书年代，学术界较为普遍地认同传统的观点：内七篇是庄子自撰，外、杂篇是其弟子以及后学所述。可见，《庄子》中的"太极"应该是出现在战国中期。关于《周易》的成书，自汉代开始就出现"人更三圣，世历三古"的说法：伏羲画八卦、周文王父子作六十四卦卦爻辞、孔子作"十翼"即《易传》。但自从宋代欧阳修开始怀疑《易传》的作者后，关于《易传》的成书年代便始终争议不断。随着 1973 年湖南长沙西

❶ （三国魏）王弼、（晋）韩康伯注，（唐）孔颖达等正义：《周易正义》，（清）阮元校刻《十三经注疏》，中华书局 1980 年影印本，第 169—170 页。

汉马王堆现存《易经》最早版本和《系辞传》的出土，当代的学者开始普遍认同：《易传》并非孔子手订，也不是一时一地一人所作，而是成于多人之手，经春秋战国时期的增删订补，最终在战国中后期定型，是历经百家争鸣、全国统一后，儒道互补、以儒为主、综合百家、超越百家的产物。❶ 那两者究竟孰先孰后？又是否存在某种逻辑关联呢？

对于两者出现的先后问题，陈鼓应先生以具体在先、抽象在后的思维发展规律为依据，推断《庄子》中所见"太极"更为先。❷ 近年来，王汐朋在陈鼓应先生的基础上进一步论析了两者意涵的侧重和关联，指出"'太极'在《庄子》中只是'字面'的初见，并不具有哲学内涵，真正作为'哲学概念'的'太极'当首见于《系辞》"❸。据上述《庄子·大宗师》的引文，"道"在太极

---

❶　张涛：《易学研究新视野：从综合百家到融通三教》，社会科学文献出版社 2019 年版，第 17 页。

❷　陈鼓应：《易传与道家思想》，生活·读书·新知三联书店 1996 年版，第 188 页。

❸　王汐朋：《"太极"的概念及时间涵义》，《中山大学学报》（社会科

之上不为高，在六极之下不为低，"太极"与"六极"相对应，显然侧重于形容空间区域范围。而在《周易·系辞上传》中，太极则成为世界本原，是天地未分的统一体，由太极生出阴阳两仪，这是中国哲学思想对世界认识的两个重要步骤。可见，此处的太极更偏重于哲学层面。

事实上，关于《庄子》与《易传》孰先孰后的问题，我们还需要谨慎对待。客观来看，结合宋代欧阳修以来的相关考辨，我们确实难以直接将《易传》的著作权归于孔子。但我们又不得不承认，《易传》中蕴含的丰富哲理，确实与孔子和儒家倡导的价值理念有诸多契合或相通之处，甚至不排除存在直接辑自孔子语录者。因此，我们更倾向于认为"太极"最早见于《易传》。

总之，作为中华文明的基元、中华文化的源头，太极在中华文明的初始阶段就已成熟，不过要迟至春秋战国时期的《周易·系辞上传》才出现文字记载，并具有了丰富的哲学内涵。

---

学版）2012 年第 2 期，第 132 页。

# 第二节 太极的演变和发展

一般来说，根据中国思想史、经学史的发展脉络，太极会随着时代的发展和思想的演进，在不同时期被不断赋予新的内涵。太极在远古时期蕴含着朴素的阴阳和合思想，及至先秦具有表示宇宙本原的范畴。到了汉代，其概念仍不断发展完善。据西汉末年的纬书《易纬乾凿度》记载：

孔子曰：易始于太极，太极分而为二，故生天地。天地有春、秋、冬、夏之节，故生四时。四时各有阴阳、刚柔之分，故生八卦。八卦成列，天地之道立，雷、风、水、火、山、泽之象定矣。……而万物各以其类成矣。皆易之所包也，至矣哉，易之德也！ ❶

**译文**：孔子说：易开始于太极，太极分为两个，

---

❶ （汉）郑玄注：《易纬乾凿度》，[日] 安居香山、中村璋八辑：《纬书集成》（上），河北人民出版社1994年版，第7—8页。

所以生天地。天地有春、秋、冬、夏季的节，所以人生四季。四季各有阴阳、刚柔之分，所以生八卦。八卦布列，天地之道立，雷、风、水、火、山、泽的象定了。……而万物各按其分类成了。

该说法显然承袭自《周易·系辞上传》"易有太极，是生两仪"，但两者其实存在细微差别。《系辞》中的"易有太极"，即"太极"是内含于"易"的概念，而《乾凿度》的"易始于太极"则认为"易"是由"太极"生始而来。"太极"不仅自"易"中析离，而且被升格至高于"易"的地位，可以说是"太极"在汉代的初步发展。在后文中，更进一步构造出精密系统的宇宙生成模式：

夫有形者生于无形，则乾坤安从生？故日：有太易，有太初，有太始，有太素。太易者，未见气。太初者，气之始。太始者，形之始。太素者，质之始。气形质具而未相离，故日浑沦，言万物相浑成而未相离。视之不见，听之不闻，循之不

得，故日易也，易无形埒也。❶

　　**译文**：天地、宇宙分成四个阶段：太易、太初、太始、太素，这四个阶段实质是两个阶段，一是太易即气未产生的阶段，即视而不见，听之不闻，循之不得的阶段；二是气质所具备阶段，即太始、太初、太素三者混而未分，这一阶段是气形质具而未离，故日浑沦，此浑沦阶段即是太极，从太易到太极是一个演变过程。

这里已经不再简单因循太极生天地的传统说法，而是塑造出宇宙天地万物生成的具体步骤：

太易→太初→太始→太素→浑沦（易）→天地→万物

　　东汉经学大师郑玄接受了这种看法，并表达了自己对"太极"和"太易"关系的认识："太易无也，太极有也，

---

❶ （汉）郑玄注：《易纬乾凿度》，[日] 安居香山、中村璋八辑：《纬书集成》（上），河北人民出版社 1994 年版，第 28—29 页。

太易从无入有，圣人知太易有理未形，故曰太易。"❶太易是无，太极是天地形成以前的元气，即"极中之道，淳和未分之气也"❷。因此，宇宙生成图式被总结为：太易(无)—太极（有）—天地。联系到《乾凿度》的宇宙生成模式，可以理解为"太极"被细分成了太初、太始、太素。

关于天地万物如何生成，汉代的宇宙生成论和先秦存在显著不同。先秦时期对于宇宙起源只是粗略提及，并未详细论述，而汉代则对元气的变化进行了细分，增加了太易、太初、太始、太素四个步骤，详细说明了元气变化的不同及其特点，这些都是"太极"概念在汉代的丰富和发展。

魏晋时期王弼并不认为"太极"之前存在"无"的范畴，他说：

演天地之数，所赖者五十也。其用四十有九，

❶ （汉）郑玄注：《易纬乾坤凿度》，[日]安居香山、中村璋八辑：《纬书集成》（上），河北人民出版社 1994 年版，第 66 页。

❷ （南朝梁）萧统编《文选》张茂先《励志诗》（唐）李善注引，中华书局 1977 年版，第 275 页。

则其一不用也。不用而用以之通，非数而数以之成，斯易之太极也。四十有九，数之极也。夫无不可以无明，必因于有，故常于有物之极，而必明其所由之宗也。❶

**译文**：天地之数为五十有五，而真正用来推演成卦的则只有五十，即使这五十策，也要先取其一，并不参与演卦的操作过程。

"一""太极""无"和"四十有九""物""有"成为两组相对的概念，可见王弼之"无"并非"太易"的虚无缥缈和不真切，也不是类似于汉儒之元气，而是万物的本体。汤一介先生总结王弼之"无"乃是"将客观世界的属性抽空了的、最高的抽象概念"❷。王弼又强调"无不可以无明，必因于有"，说明"太极"（"无"）需要依靠"万物"（"有"）才能得以显现，这与道家有无

❶ （三国魏）王弼、（晋）韩康伯注，（唐）孔颖达等正义：《周易正义》，（清）阮元校刻《十三经注疏》，中华书局 1980 年影印本，第 165 页。
❷ 汤一介：《郭象与魏晋玄学》，北京大学出版社 2000 年版，第 44 页。

二分、以无为实体的理论不同，王弼将有无纳入一元论体系，更进一步提升了太极圆融的内涵。

唐代孔颖达所作《周易正义》因袭了汉儒元气说，他说：

> 太极谓天地未分之前，元气混而为一，即是太初、太一也。故《老子》云"道生一"即此太极是也。又谓混元既分，即有天地，故曰"太极生两仪"，即《老子》云"一生二"也。❶
>
> **译文**：太极是天地未分之前，元气混而为一，就是太初、太一。所以《老子》说："道生一个"就是太极这样的。又说混元既分，就有了天地，所以说"太极生两仪"，就是《老子》说的"一生二"的意思。

这种说法重申了汉儒太极即元气的认识，同时将儒道两家的一些概念进行了统合整理，认为"太极""太初""太

---

❶ （三国魏）王弼、（晋）韩康伯注，（唐）孔颖达等正义：《周易正义》，（清）阮元校刻《十三经注疏》，中华书局 1980 年影印本，第 169—170 页。

一"都是描述天地起源的概念。但是孔颖达对于"太极"之前的虚无状态并没有具体阐述，只说"道生一"之"一"即是"太极"，由此可推断在"太极"之先应该还有"道"，也就是虚无的状态。

汉魏以来对于宇宙本源的两种不同认识，引起了宋代学者的高度重视。宋明理学的开山祖师周敦颐对此进行了深刻的思考和系统的总结，为将汉儒所讲求的处于元气之先的虚无（太易）与王弼所讲的作为本体的"太极"囊括进同一个本体当中，提出了"无极而太极"❶，并在由其所做的"周敦颐太极图"的"太极"之上增加了"无极"。

周敦颐率先对汉魏以来长期存在的两种不同认识进行了思考和整合，此后儒者再言太极，不论是张载的"太和氤氲之气"，还是邵雍的先天之学，均是从本体论角度言之，尤其是程颐提出"体用一源"，确立"太极"作为纯粹本体的理论结构，"太极"的含义最终完成了从宇宙生成论到本体论的转化。此后，南宋朱熹的"易

---

❶　（宋）周敦颐著，陈克明点校：《周敦颐集》，中华书局 1990 年版，第 3 页。

者阴阳之变，太极者其理也"❶、明代王阳明的"良知即是易"❷、明末清初王夫之的"其（笔者注：阴阳）极至而无以加，曰太极"❸、清代李光地的"太极者，天地之性也"❹都是从本体论角度出发，"太极"含义的本体论属性随着时代的发展逐渐完善，并发展到新的高度。

当然，周敦颐的"无极而太极"理论也引起了朱熹与陆九渊的争论，双方争论的实质在于：究竟是先"无极"后"太极"的生成论，还是"无极"包含"太极"之理的本体论？时至今日，关于"无极"和"太极"的关系或者说生成论和本体论的分殊依然是学界讨论的热点问题。对此，余敦康先生曾敏锐地指出："周敦颐的'无极而太极'实际上是对自先秦以迄于汉唐儒道两家关于本源问题研究成果的一种提炼和总结，既是一个生

---

❶（宋）朱熹著，廖名春点校：《周易本义》，中华书局 2009 年版，第 240 页。

❷（明）王守仁：《王阳明全集》，上海古籍出版社 1992 年版，第 125 页。

❸（清）王夫之：《周易内传》卷五下，《船山全书》第一册，岳麓书社 1996 年版，第 561 页。

❹（清）李光地著，陈祖武点校：《榕村语录》，中华书局 1995 年版，第 456 页。

成论命题，也是一个本体论命题。"❶肯定了周敦颐在思考和整合汉魏以来长期存在的两种不同认识所进行的努力，这也正是阴阳相生互长的太极智慧的重要体现。

通过对"太极"进行的历时性考察和梳理，我们能够得出如下认识：

1. 文字记载的"太极"最早出现于《周易·系辞上传》，并具有了哲学内涵。

2. 汉代宇宙生成论认为"太极"是先天元气，是由太易（无）生成天地万物的必不可少的重要环节。

3. 魏晋时期王弼提出"太极"是包含于"无"中的万物本体。

4. 宋明理学促使"太极"最终完成了从宇宙生成论到本体论的转化，对后世影响深远。

5. "太极"作为中华文明的基元文化，是中国历史不断演进发展的文化轴心，是中华优秀传统文化不断传承、创新和发展的动力源泉。

---

❶ 余敦康：《汉宋易学解读》，中华书局 2017 年版，第 248 页。

## 第三节  太极的应用及价值

太极是以阴阳为核心的一种哲学理念，是古人对形而上世界认识的集中反映，是对宇宙本源思考的高度概括，是中国传统哲学思想中的重要概念，是中国传统思想文化的标志性符号，是中华民族优秀传统文化的灵魂和瑰宝。在长期的历史发展进程中，无论是先秦时期的诸子百家，还是后来的儒释道三教，都对其高度重视并进行了深刻阐发，不断赋予"太极"丰富的思想文化内涵，形成博大精深的太极文化。

太极是中华易学文化的核心理念和中华优秀传统文化的精气真髓。"易"是中国最古老的哲学典籍《周易》的思想理论基础。古体的"易"字就是日月的结合，易字本身包含了阴阳概念的内涵。它体现了阴阳两个方面的对立统一思想，同时也表达了对万物变易、不易和简易的深刻认识。按照"人更三圣，世历三古"的传统说法，伏羲画八卦、文王演《周易》，都是对宇宙阴阳之道的真知灼见、精炼概括。这种说法率先将原本只是氤氲于中国先民思想中对于阴阳的朦胧但悠久的认识，作出了完整清晰的表达，开创了中华太极的先河。春秋时期的老子和孔子精研《周易》，进一步阐明了太极的阴阳之理，为太极文化的形成和发展打下了坚实的基础。唐宋以后，儒家的宋明理学更是将太极视为儒家思想的立足点，并创造性地以"太极图"的形式诠释其深刻内涵和丰富外延，揭示出宇宙万物和人类社会的基本模式和普遍规律。道教不仅自汉代以来便吸纳太极概念作为道教宇宙观基础的重要组成部分，并以无极为万物本始意义上的道，以太极为元气、太一。在唐宋时期，还出现了以太极统阴阳五行、论析逆练成丹的原理解释气功中"气机运动"的理论模式，类比天地太极，以探究人的生命本源及身心中的太极之理。佛教亦论太极，唐代的宗密便采用阿赖耶识理论会通儒家的原人观："即彼始自太易，五重运转，乃至太极，太极生两仪。"[1]而且

---

[1]　（唐）宗密：《原人论》，《大正藏》第 45 册，（台湾）白马书局 2003 年影印本，第 710 页。

南宋著名理学家朱熹还曾吸收佛教"月印万川"的比喻来阐发万物之理实为一理，理的全体叫作太极。也就是说，太极是万事万物的根源。其实，太极不仅对儒学文化、佛道文化影响至深至远，其文化的精华还延伸于中华医学、兵法、武术等等之中。

太极是中国传统文化思想体系的高度凝练和结晶，展现出以儒为主、儒道互补、综合百家、超越百家以及后来会通三教的学术品格和文化风范，在中国思想文化史上占有重要地位，也是世界文明宝库最宝贵的组成部分。只有深刻剖析其思想渊源、演变历程和丰富内涵，才能真正理解太极历经千年不仅未被时间磨灭，反倒不断展现出勃勃生机的奥秘所在，进而深刻理解中华文化历久弥新的思想精髓、中华民族生生不息的精神内核。同时，为现代设计提供来自悠久历史文化传统的经典灵感，以独具特色、耐人寻味的东方传统智慧赋予现代设计文化和灵魂，追求具有中国特色的现代设计。

太极是以阴阳为核心的一种哲学理念，而太极文化是以太极理念为基础的一种具有社会共识性的实践成果。作为图像化的太极，太极图是解读太极必不可少的重要依据，可以说太极图是太极的创造性转化与创新性发展，也是太极文化的重要组成部分。

梳理中华文化历史发展的基本脉络，不难看出"太极"对中国传统文化发展的深远影响——它成就了中华文化儒道互补以及儒道释三足鼎立、三教合一的文化格局。无论是先秦时期的百家争鸣，还是魏晋以降的儒道释发展和融合，都是促成中华文化这种发展态势的根本原因，是中华先辈对太极文化阴阳和合精神的深刻领悟与贯彻。正如一位哲人所言："一个中国人最理想的人生状态莫过于头戴儒家帽，身穿道家袍，脚穿佛家鞋。因为儒家教人知书达礼，积极向上，追求事业高峰，重视人的现世价值与意义；道家则教人无为而治，返璞归真，以心灵的超越解决人的现实困惑；佛家解决的是人的痛苦以及轮回。"由于儒道佛三教分别从不同的侧面释解了人生的历程、引导了生活的取向，故能彼此共存共容、平衡和谐。而这些，都是太极文化所蕴含以及延伸和发展的重要体现。

太极虽承认矛盾与对立是事物发展的基本规律，但认为事物发展的终极目标不是事物的矛盾对立，而是事物之间的包容与妥协、共存与共容，这才是事物发展的根本规律。太极哲学所蕴含的智慧对于解决当今中国诸多现实问题，对于今天我们构建"人类命运共同体"等等，都具有积极的重要价值。

第一，"太极"理念具有化解社会矛盾和平衡社会关系的引领价值。现代社会，人类面临着众多的问题与挑战，主要是人与自然、人与社会、人与人之间的矛盾。在改革发展过程中，借鉴太极文化中"天人相应、天人合一"的理念，对于协调、化解人、社会、自然的多重矛盾和冲突，解决我国社会主要矛盾，积极推进新时代中国特色社会主义建设，具有特别重要的指导意义。

第二，"太极"理念对于维护民族团结、国家统一具有文化凝聚力作用。太极文化作为民族的灵魂，可以激发人们的归属意识、合作意识，可以促进国家、民族和社会的发展，使中华各民族能和睦相处，坚持走和平崛起、和平发展之路，从而推动建设新时代中国特色社会主义，构建社会主义和谐中国。中华民族历经五千年风雨依然屹立于世界民族之林，与"太极"思想的滋养不无关系。

第三，"太极"理念具有实现多元文化融合的创造发展价值。太极文化倡导"和为贵""和而不同"，强调尊重多元文化的多元共存、兼容并包，追求的是不同文化之间相互学习、取长补短，并认为不同文化之间并不应是此消彼长的对立关系，而是可以共生共荣的。过去，世界各民族、各种文化因对"不同"的包容程度不同而导致争议、争执、指责，甚至大动干戈，造成世界纷扰浮躁、动荡不安，这些都是值得引起我们高度重视的历史经验教训。今天，我们应本着"太极"的终极目的，以冷静理智的态度，从人类整体利益谋发展的大局观出发，对不同的文化怀抱包容之心，尊重不同文化的存在价值，吸收、借鉴人类一切优秀的文化成果，这样才能形成文化发展的繁荣景观，共同为人类发展提供精神指引和动力。

太極本無極　極再元
化生儀　陰陽和合
美萬物　四海怡

史洪岳咏太極　劉雨辰

# 中　编

# 太极图的源流和衍变

图式是对抽象概念的视觉化呈现，读图者可从中获取对各种信息的直观感知。中国向来有"左图右史"❶的历史传统。所谓"左图右史"，即舆图和史书分置左右，在读书过程中互相补充验证。可见，图式是传达信息的重要方式之一。这种图式传统在文字、历史、文学、政治等方面都有着持久而广泛的生命力，在社会生活中也发挥着语言文字所不能替代的关键作用。诚如前述，太极的内涵在历史的推移中不断得到丰富和演变，而太极图则是将太极乃至阴阳、五行、八卦等抽象概念进行概括表达的简约图式。

从易学历史的源流变迁来看，太极等抽象概念的图式化表达也是"两派六宗"中象数易学的重要分支。据

❶ "左图右史"出自《新唐书·杨绾传》："性沉静，独处一室，左图右史，凝尘满席，澹如也。"见（宋）欧阳修等《新唐书》，中华书局1975年版，第4664页。

四库馆臣所言："汉儒言《易》，多主象数，至宋而象数之中复岐出图书一派。"❶"图书一派"就是以太极图为核心的宋代图书易学。关于其主要内容和传承体系，南宋易学家朱震在《汉上易传》中有清晰表述：

> 国家龙兴，异人间出，濮上陈抟以先天图传种放，放传穆修，修传李之才，之才传邵雍；放以河图、洛书传李溉，溉传许坚，坚传范谔昌，谔昌传刘牧；修以太极图传周敦颐，敦颐传程颐、程颢。

**译文**：国家兴盛是因为有能力超群的人在。濮上陈抟将先天图传给种放，种放传给穆修，穆修传给李之才，李之才传给邵雍；种放将河图、洛书传给李溉，李溉给传许坚，许坚传给范谔昌，范谔昌传刘牧；穆修以太极图传周敦颐，周敦颐传给程颐、程颢。

---

❶（清）永瑢等：《四库全书总目·经部·易类二》，中华书局1965年影印本，第5页。

据此，陈抟创制易图并发展出三支传承脉络：一是传先天图到邵雍，一是传河图洛书到刘牧，一是传太极图到周敦颐。与此相呼应，河图洛书、周敦颐太极图和阴阳鱼太极图成为太极图发展定型中的重要阶段，本编拟分别对之进行阐述。

## 第一节　河图洛书

传说伏羲氏时，有龙马从黄河出现，背负"河图"（见图 1），有神龟从洛水出现，背负"洛书"（见图 2），这就是《周易·系辞上传》述及的"河出图、洛出书"。

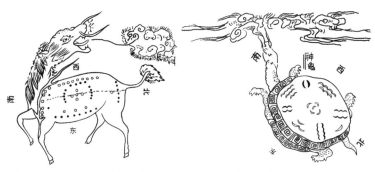

图 1　龙马背负河图　　　　图 2　神龟背负洛书

## 一、宋代以前河图洛书的概念

述及河图洛书，我们能够看到，其在宋代以前主要见于文字，宋代以后则呈现为黑白点图式。下文将分别对其进行考察。

我们先看文字记载的河图洛书。仔细翻检历代传统典籍，关于河图洛书的记载并不鲜见，但是它们究竟为何物，却历来说法不一。现谨将笔者所见部分河图洛书的史料摘录于下，梳理其在不同时代和典籍中的具体所指。

河图洛书是宝物祥瑞。

《尚书·周书·顾命》：大玉、夷玉、天球、河图在东序。传："河图，伏羲氏王天下，龙马出河，遂则之以画八卦，谓之河图。"

**译文**：《尚书·周书·顾命》：大玉、夷玉、天球、河图在东序。传："河图，伏羲氏治理天下，龙马从河流中出现，于是就把它画八卦，称之为河图。"

大玉、夷玉、天球都是玉石类宝物，河图与其并列，显然是宝物祥瑞。值得留意的是"天球"，孙星衍注《尚书》引郑玄曰"天球，雍州所贡之玉，色如天者"；又引马融曰"球，玉磬"。显然，"天球"曾长期被视为玉制球体是有所依据的。

在先秦诸子典籍中也有大量记载，认为河图是圣人在世、太平时代的天赐之祥瑞。

凤鸟不至，河不出图，吾已矣夫！（《论语·子罕》）

**译文**：孔子说："凤凰不飞来了，黄河中没有出现图画，我这一生也就完了吧！"

昔人之受命者，龙龟假，河出图，洛出书，地出乘黄。（《管子·小匡》）

**译文**：古代圣贤之君在位时，有出图、出书、出神马的征兆。

天命周文王伐殷有国。泰颠来宾，河出绿图，

地出乘黄。(《墨子·非攻》)

译文：上天授命周文王，讨伐殷邦，贤臣泰颠来投奔帮助，黄河中浮出图箓，地下冒出乘黄神马。

古者至德之世，贾便其肆，农乐其业，大夫安其职，而处士修其道。当此之时，风雨不毁折，草木不夭，九鼎重味，珠玉润泽，洛出丹书，河出绿图。(《淮南子·俶真训》)

译文：古代的最高道德社会，商人开店买卖，农民安居乐业，大夫安其职，而处士修养道德。在这时，风雨不毁坏，草木不夭折，九鼎重味，珠玉润泽，洛水发源于朱砂，黄河出绿图。

天降膏露，地出醴泉，山出器车，河出马图，凤凰麒麟皆在郊棷，龟龙在宫沼，其余鸟兽之卵胎，皆可俯而窥也。(《礼记·礼运》)

译文：苍天降下丰美的雨露，大地涌出甘甜的泉水，山中出产适于制造车子的树木，河底现出富有含义的龙马图形。凤凰麒麟在郊外椒都，龟、龙在宫廷池泽中，其余鸟兽的卵胎，俯视就可以看到。

《周易·系辞上传》将河图洛书视为《易》之起源：

河出图，洛出书，圣人则之。

**译文**：黄河有龙马负图，洛水有神龟负书的祥瑞征兆，圣人于是效法它，运用它。

这是《周易》中关于圣人则河图洛书作《易》的明确记载，但并未言明河洛是什么。

伏羲德合天下，天应以鸟兽文章，地应以河图洛书，乃则以作《易》。（《礼纬·含文嘉》）

**译文**：伏羲德合天下，天要以禽鸟做文章，地以河图洛书，乃则之以作《易》。

黄帝五十年秋七月，庚申，凤鸟至，帝祭于

洛水。注：龙图出河，龟书出洛，赤文篆字，以授轩辕。(《竹书纪年》)

**译文**：黄帝五十年七月，庚申，凤鸟到来，皇帝祭祀洛水水。注：龙图从河中出现，龟书从洛水中出现，以红纹篆字的形式，交给了轩辕。

黄帝有熊氏，河龙图发，洛龟书成……乃重坤以为首，所谓《归藏易》也，故曰归藏氏。(《路史·黄帝纪》)

**译文**：黄帝得到河图洛书后……成为帝王受天承命统治万民的符瑞是《归藏易》。是为《归藏氏》。

帝在位七十年，修坛于河、洛，帝舜等升首山遵河渚，乃省龙马衔甲赤文，绿龟临坛而止，吐甲图而去。甲似龟，背广九尺，其图以白玉为检，赤玉为字，泥以黄金，约以专绳。(《宋书·符瑞志》)

**译文**：皇帝在位七十年，在黄河、洛水修筑祭坛，帝舜等人登上首山沿着河边走，于是省龙马衔甲赤文，绿龟在坛场止步，口吐甲图而去。甲像乌龟，后背宽九尺，上面的图文用白玉作书简，用赤玉为字，用黄金涂饰，用青绳编束。

舜设坛于河，黄龙负图，图长三十三尺，广九尺，出于坛畔，赤文绿错。（《宋书·符瑞志》）

**译文**：相传舜在洛水得到了广袤九尺、绿色赤文的大龟壳。壳上列星之分，七政之度，并记录着各代帝王兴亡之数。

汤东至洛，观尧坛，有黑龟，并赤文成字。（《宋书·符瑞志》）

**译文**：汤东到洛阳，观看尧坛，发现有黑龟，上面有赤色花纹并形成了字。

上述引文表明，伏羲、黄帝、尧、舜、禹、商汤等上古圣王都曾得到过河图洛书。其中，伏羲和黄帝还则之而作《易》，但同样并未言明河洛是何物。直到西汉，儒家才将《周易·系辞上传》中的"河出图，洛出书，圣人则之"和《尚书·洪范》中的"天乃锡禹洪范九畴，彝伦攸叙"相联系，建立了河图洛书与洪范九畴的紧密关联。刘歆《洪范五行传》以《周易》八卦解释河图，以《尚书·洪范》九畴解释洛书，明确提出河图是八卦之源，洛书为九畴之本。东汉班固、王充、郑玄等大儒都在此基础上申明其说，视河洛为《周易》来源。

事实上，将河图洛书和洪范九畴相联系并不稀奇，虽然河图洛书图式在东周就已失传，但其数字序列却根深蒂固地存在着。

天一地二、天三地四、天五地六、天七地八、天九地十，天数五、地数五，五位相得而各有合，天数二十有五，地数三十，凡天地之数，五十有五，此所以成变化而行鬼神也。（《周易·系辞上传》）

**译文**：天即阳，地即阴，阳数奇，即一三五七九，阴数为偶，即二四六八十。阴阳之数各有五个，五个奇数五个偶数各相参合，阳数共有廿五，阴数共有三十。阴阳之数合之共有五十有五，如是阴阳十位之数，推而大之。可至百京兆亿，推而小之，可至丝毫厘撮，这就是易道所以成就变化，而推算的神妙莫测如鬼神了。

《周易·系辞上传》明确记载天地之数，晋韩康伯注云：

天地之数各五，五数相配以合成金木水火土，五奇合为二十五，五偶合为三十。

**译文**：天地各有五个数字，五个数相配合可以合成金、木、水、火、土，五个奇数相加合为二十五，五个偶数合为三十。

唐孔颖达之疏则云：

此言天地阴阳奇偶之数也，若天一与地六相得合为水，地二与天七相得合为火，天三与地八相得合为木，地四与天九相得合为金，天五与地十相得合为土也，是天地之数相合为五十五，此乃阴阳奇偶之数，非是上文演天地之策也。此所以成变化而行鬼神者，言此阳奇阴偶之数，成就其变化，言变化以此阴阳而成，故云成变化也，而宣行鬼神之用，言鬼神以此阴阳而得宣行。

**译文**：这是说天地阴阳奇偶之数的，如果天一和地六相得到合成水，地二和天七相得合为火，天三与地八相得合为木，地四与天九相得合为金，天五和地十相得合为当地的，因此天地之数相结合为五十五，这是阴阳奇偶之数，并非上文所说演天地的办法。之所以说易道成就变化，而且推算的神妙莫测如鬼神，是说阳奇阴偶之数成就变化，即变化通过阴阳得以实现，因此说易道成就变化，宣行鬼神之用，是说鬼神凭借阴阳得以宣行。

可见，天地阴阳奇偶之数是《周易》中一脉相承的重要学术体系；而将"一二三四五"和河图相联系，同样具有悠久历史。

> 五行，一曰水，二曰火，三曰木，四曰金，五曰土。（《尚书·洪范》）
>
> **译文**：五行，一是水，二是火，三是木，四是金，五是土地。

在《尚书》中，河图的"一二三四五"模型已经初步建立。

> 孟春之月，其日甲乙，其数八。立春盛德在木，迎春于东郊。孟夏之月，其日丙丁，其数七。立夏盛德在火，迎夏于南郊。季夏之月，中央土，其日戊己，其数五。孟秋之月，其日庚辛，其数九。立秋盛德在金，迎秋于西郊。孟冬之月，其日壬癸，其数六。立冬盛德在水，迎冬于北郊。（《礼记·月令》）
>
> **译文**：孟春之月，这一天甲乙，这个月的数字是八。立春盛德在木，在东郊举行迎春仪式。孟夏四月，这一天丙丁，这个月的数字是七。立夏

盛德在火，在南郊迎夏。季夏六月，中央土，这一天是戊己，这个月的数字是五。孟秋之月，这一天庚辛，其中有九。立秋盛德在金，在西郊迎接秋天。孟冬之月，这一天壬癸，这个月的数字是六。立冬盛德在水，在北郊举行迎冬祭。

四季、天干、数字、五行和方位出现了一一对应关系，与《尚书·洪范》配合，已经能够构成一个完整的河图模型。

夏四月陈灾，郑禆灶曰："五年，陈将复封，封五十二年而遂亡。"子产问其故，对曰："陈，火属也，火，水妃也，而楚所相也。今火出而火陈，逐楚而建陈也，妃以五成故曰五年，岁五及鹑火，而后陈卒亡，楚克有之，天之道也，故曰五十二年。"（《春秋左传正义·昭公九年》）

**译文**：夏季，四月，陈地发生火灾。郑国的禆灶说："过五年陈国将会重新受封，受封以后五十二年被灭亡。"子产问这样说的缘故。裨灶回答说："陈国，是水的隶属；火，是水的配偶，而是楚国所主治。现在大火星出现而陈国发生火灾，这是驱逐楚国而建立陈国。阴阳五行用五来相配，所以说五年。岁星过五年到达鹑火，然后陈国终于灭亡，楚国战胜而占有它，这是上天之道，所以说是五十二年。"

所谓"妃"，杜预为之注解曰："妃，合也，五行各相妃合，得五而成。"其实就是"天一生水，地六成之"等五行的生与成。西汉末年扬雄的《太玄·玄图篇》也有类似记载：

一六为水，二七为火，三八为木，四九为金，五十为土，一与六共宗，四与九同道，五与五相守。

**译文**：一六合为水，二七合为火，三八合为木，四九合为金，五十合为土，一与六共宗，四与九同道，五与五相守。

此已具河图与五行生成之数矣，可以视为我们今天所见的河图之模型（见图3）。尤其汉代虞翻注《周易·系辞上传》与今日的河图之模型十分类似：

或以一六合水，二七合火，三八合木，四九合金，五十合土也。天一水甲、地二火乙、天三木丙、地四金丁、天五土戊、地六水己、天七火庚、地八木辛、天九金壬、地十土癸。此则大衍之数，五十有五，著

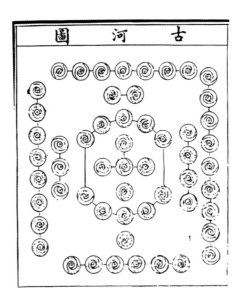

图3　元代吴澄《易纂言》载"古河图"

龟所从生，圣人以通神明之德，以类万物之情。

**译文**：或是一六合为水，二七合为火，三八合为木，四九合为金，五十合为土也。天一水甲、地二火乙、天三木丙、地四金丁、天五土戊、地六水己、天七火庚、地八木辛、天九金壬、地十土癸。这就是大衍之数，五十有五，蓍龟上所呈现的，圣人用来通晓神明的德性，来感同身受类万物的情感。

在河图模型逐渐发展的过程中，洛书与九畴的关系也逐渐明晰强化。

洛出书，神龟负文而出，列于背，有数自一至九。（东晋梅赜《尚书孔传》）

**译文**：洛水出书，神龟背文而出，龟背上共列有一到九的数字。

这里言明洛书有一至九数，春秋时期《子华子》也有二九四、六八一、七五三之数，其言曰：

> 天地之大数莫过乎五，莫中乎五。吾居中官以制万官，谓之实也。冲气之守也，中所以起也，中所以止也，龟筮之所以灵也，神响之所以丰融也，通此则条达而无碍者矣。是以二与四抱九而上跻也，六与八蹈一而下沉也，戴九而履一，据三而持其七，五居中宫，数之所由生，一纵一横，数之所由成，故曰天地之大数莫过乎五，莫中乎五，通此则条达而无碍者矣。

**译文**：天地最大的数没有超过五，也没有比五的位置更中。我身居中官可以统治万官这是实。冲气从中开始，从中结束，所以用龟占卜灵验，通过这个法则没有达不到的。用二与四抱九而上跻也，六与八蹈一而下沉也，戴九而履一，据三而持其七，五居中宫，数之所由生，一纵一横，数之所由成，天地最大的数没有超过五，也没有比五的位置更中，通此这个原则达而没有障碍。

事实上，九宫数应该起源于古代的明堂制度，《礼记·月令》记载：

孟春天子居青阳左个，仲春居青阳太庙，季春居青阳右个。孟夏居明堂左个，仲夏居明堂太室，季夏居明堂右个。中央土居太庙太室。孟秋居总章左个，仲秋居总章太庙，季秋居总章右个。孟冬居元堂左个，仲冬居元堂太庙，季冬居元堂右个。

**译文**：初春天子在明堂左边的房间，二月在青阳庙，三月在青阳右个；初夏在明堂左边的房间，仲夏在明堂太庙，季夏住在南向明堂的右侧室；中央位居太庙太室；七月在总章的左面，仲秋在总章太庙，季秋在总章的右面；初冬在元堂左面，仲冬在元堂太庙，冬季在元堂右面。

意思是古代天子根据不同的季节时令而居于不同的宫室听政。

后来，九宫与一至九数相搭配：

明堂者，古有之也。凡九室，二九四、七五三、六一八。（《大戴礼记·明堂篇》）

**译文**：明堂在古代就有。共九室，二九四、七五三、六一八。

这就是古代的明堂九宫室（见图4）：

至西汉末年，《易纬·乾凿度》将九宫之数和《周易》表示阴阳的七八九六之数联系起来。

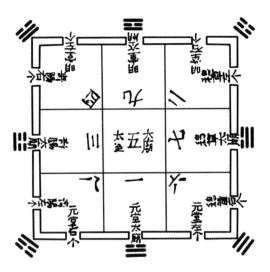

图4　明堂九室图

（载于清代胡渭《易图明辩》卷二《九宫》）

《易》一阴一阳，合而为十五之谓道。阳变七之九，阴变八之六，亦合于十五，则象变之数若一。阳动而进，变七之九，象其气之息也；阴动而退，变八之六，象其气之消也。故太一取其数以行九宫，四正四维皆合于十五。

**译文**：《易》有一阴一阳，合而为十五。阳变七之九，阴变八之六，也是合为十五。阳动就进，变七为九，象的气产生；阴动就退，象气消失。于是太一将九宫之数与阴阳的七八九六相结合，四正四纬合起来都是十五。

纵横左右相加都是十五，显然符合洛书的图案。东汉的郑玄对《乾凿度》进行了详细的注释，进一步密切了九宫与八卦的联系：

太一者北辰神名也，下行八卦之宫，每四乃四远于中央，中央者北辰之所居，故因谓之九宫。天数大分，以阳出，以阴入。阳起于子，阴起于午。是以大乙行九宫从坎宫始，自此而从于坤宫，自此而从于震宫，自此而从于巽宫，所行半矣，还息于中央之宫。即自此又从于乾宫，又自此而从于兑宫，又自此从于艮宫，又自行从于离宫，则固矣。上游息于大乙之宫，而反于紫宫，行起从于坎宫始，终于离宫也。此数皆合于十五，言有法也。

**译文**：太一的北极星神命名的，下一行八卦之宫，每四个就四方在中夹，中央是北极居住的地方，因此对的九宫。天分为几大块，以阳出来，以阴入。阳起在你，阴起于午。因此，大乙行九宫从坎宫开始，从这里，从在坤宫，从这里，从在震宫，从这里，从在巽宫，我走了一半，回到休息在中央的宫。就是从这又跟随在乾宫，又从这里，从在兑宫，又从这从在艮宫，又从同行在离宫，那当然了。上游息在大乙的宫，而反在紫宫，行起从在坎宫开始，最后在离宫的。这几个都合于十五。

按照郑玄的注释可画出"太一下行九宫图"，如图5所示：

| | | |
|---|---|---|
| 巽四 | 离九　阴根于午 | 坤二 |
| 震三 | 中五　中央行关还息 | 兑七 |
| 艮八 | 坎一　阳根于子 | 乾六 |

图 5　太一下行九宫图

（载于东汉郑玄注《易伟·乾凿度》）

坎一、坤二、震三、巽四、中五、乾六、兑七、艮八、离九，与后天八卦相配，则成洛书之图，可见宋儒传授洛书，同样远有所本。

太一历来影响深远，《南齐书·高帝纪》史臣曰：

案《太一九宫占》推汉高五年，太一在四宫，主人与客俱得吉，计先举事者胜，是岁高祖破楚。

晋元兴二年太一在七宫，太一为帝，天目为辅佐，迫胁太一，是年安帝为桓玄所逼出宫。大将在一宫，参相在三宫，格太一……元兴三年太一在七宫，宋武破桓玄。元嘉元年，太一在六宫……七年太一在八宫……十八年太一在二宫，客主俱不利……泰始元年，太一在二宫，为大小将奄击之其年景和废。二年太一在三宫，不利先起，主人胜，其年晋安王子勋反。元徽二年太一在六宫，先起败，是岁桂阳王休范反，立伏诛。四年太一在七宫，先起者客，西北走，其年建平王景素败。升明元年太一在七宫……是岁太一在杜门，临八宫，宋帝禅位。

**译文**：用《太一九宫占》汉高五年，太一在四宫，主人与客人都有吉兆，先谋事者胜，这一年高祖攻破楚。晋元兴二年太一在七宫，太一为帝，天目为辅佐，迫胁太一，这一年安帝被桓玄逼出宫。大将在一宫，参相在三宫，阴碍太一……元兴三年太一在七宫，宋武攻破桓玄。元嘉元年，太一在六宫……七年太一在八宫……十八年太一在二宫，客主都不利……泰始元年，太一在二宫被大小将突袭，这年景和帝被废黜。二年在三宫，不利于首先起事，主人胜，这年晋安王子勋反叛。元徽二年太一在六宫，先举者失败，这年桂阳王休范反叛，都被处死。四年太一在七宫，先起者为客向西北逃走，这年建平王景素失败。升明元年太一在七宫……这年太一在杜门，临八宫，宋帝禅位。

北周甄鸾注《数术记遗九宫算》云：

九宫者，即二四为肩，六八为足，左三右七，戴九履一，五居中央。

**译文**：二四为肩是指4、2分别在最上面一行的前后，六八为足是指8、6分别在最后一行的前后，左三右七是指3、7分别在中间一行的前后，戴九履一是指9、1分别在中间一列的上下，最后5放在最中央。

唐玄宗天宝三载（744）十二月癸丑，祠九宫贵神于东郊，《唐会要》载天宝三载十月术士苏嘉庆上言：

> 请于京城置九宫坛，坛一成其上置小坛，东
> 南曰招摇，正东曰轩辕，东北曰大阴，正南曰天
> 一，中央曰天府，正北曰太一，西南曰摄提，正
> 西曰咸池，西北曰青龙，五数为中，戴九履一，
> 左三右七，二四为上，六八为下，符于遁甲。

> **译文**：请求在京城设置九宫坛，坛一成其上设
> 置小坛，东南是招摇，正东说轩辕，东北曰大阴，
> 正南面是天一，中央是天府，正北面是太一，西南
> 说摄提，正说咸池，西北说青龙，中间为数字五，
> 载九履一，左为三右为七，二四在上，六八在下。

武宗会昌二年（824）正起等奏按《黄帝九宫经》
及萧吉《五行大义》：

> 一宫其神太一，星天蓬，卦坎，行水，方白。
> 二宫其神摄提，星天芮，卦坤，行土，方黑。三

宫其神轩辕，星天冲，卦震，行木，方碧。四宫
其神招摇，星天辅，卦巽，行木，方绿。五宫其
神天符，星天禽，卦坤，行土，方黄。六宫其神
青龙，星天心，卦乾，行金，方白。七宫其神咸
池，星天柱，卦兑，行金，方赤。八宫其神太阴，
星天任，卦艮，行土，方白。九宫其神天一，星
天英，卦离，行火，方紫。统八卦、运五行，飞
于九数，数于极。

**译文**：一宫神为太一，星位为天蓬，卦坎，行
水，方白。二宫神为摄提，星位为天芮，卦坤，
行土，方黑。三宫神为轩辕，星位为天冲，卦震，
行木，方碧。四宫神为招摇，星位为天辅，卦巽，
行木，方绿。五宫神为天符，星位为天禽，卦坤，
行土，方黄。六宫神为青龙，星位为天心，卦乾，
行金，方白。七宫神为咸池，星位为天柱，卦兑，
行金，方赤。八宫神为太阴，星位为天任，卦艮，
行土，方白。九宫神为天一，星位为天英，封离，
行火，方紫。统摄八卦、运用五行，在九个数之

间变换，数为极。

此皆与《大戴礼记·明堂篇》所载同，也与今洛书之图案完全相同，是古代道之有存于世者（见图6）。

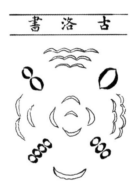

图6　元代吴澄《易纂言》载"古洛书"

在宋以前，关于河图洛书究竟为何物，存在多种说法。先秦典籍认为是天赐之祥瑞，汉代儒者根据《周易》《尚书》的记载，将河图洛书与八卦九畴相联系，将之视为《周易》的来源，并成为宋代河图洛书的思想源头。宋儒进一步将《周易·系辞传》中的大衍之数、天地之数和秦汉时代的九宫数、五行生成数与河洛相联系，以河图洛书解释《易》理。

众所周知，文字是人们记录语言的符号和交流思想的工具，但其相较于悠久的人类历史无疑是短暂的。换言之，"河图洛书"在见诸史籍之前应该经历了漫长的传承史，因此，追溯"河图洛书"的历史和内涵还需要结合考古遗迹。

2020 年 5 月，经中国社会科学院、北京大学等学术机构多位知名考古学家实地考察和研讨论证，认为位于河南省巩义市的双槐树遗址为 5300 年前古国时代的一处都邑遗址，属于仰韶文化的后期，这一时期是中华文明起源的黄金阶段，因恰好位于伊洛汇流入黄河处的河洛镇上，建议命名为"河洛古国"（见图 7）。

河洛古国的地理位置和所处时代，及其遗址所呈现出的景象和内涵，都与《周易》所载的"河出图，洛出书，圣人则之"若合符契。

其遗址中最让人眼前一亮的是发现了北斗九星天文遗迹。在 F12 房基的祭祀基址中，发现了用九个陶罐模拟的北斗九星天文遗迹，还有一副面向南的完整麋鹿骨架，它的位置刚好在北斗九星的上端（见图 8）。古代人

以雄麋象征帝王，以"逐鹿中原"譬喻争夺王位，把北斗

九星和象征权贵地位的麋鹿用作祭祀奠基，表明双槐树

图 7　河洛古国

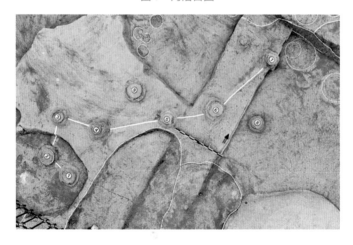

图 8　河洛古国北斗九星遗址

人已经有天命王权的概念。

北斗九星的排列折射出先民对宇宙星座的认识，与其位于洛水、黄河交汇处的地理位置遥相呼应，形成了囊括天外宇宙和地表水文的全息知识体系，充分实证了古人象天法地的认知模式，而这正是河图洛书原初的本义。简言之，河图洛书的年代要追溯到考古学上的仰韶文化后期，也就是传说中炎黄祖先逐鹿中原的岁月。

当然，据唐兰先生研究，距今 7000—6000 年间的河南舞阳贾湖遗址文化正是伏羲文化的遗存（见图 9）。

在发掘贾湖遗址 23 座墓葬的过程中，精致的骨笛经常与内装石子的龟甲共出，这些龟甲往往四、六、八

图 9　贾湖遗址

成组，有些上面还有刻画符号（见图10、图11）。研究者或以为是响器，或以为是占卜用具。但大家一致认为，龟甲应该与仪式活动有关，是与原始宗教相关的遗物。而骨笛和龟甲的共出，很可能也与仪式活动中的音乐演奏有关，甚至认为出土的龟占工具和卦象文字可能就是伏羲时代的原始八卦，为伏羲氏"画八卦，造书契"的传说提供了坚实可信的考古学证据。

我们认为，贾湖遗址位于洛水、黄河以南，出土骨笛孔眼的数量和布局以及龟甲石子的数量和符号是古人

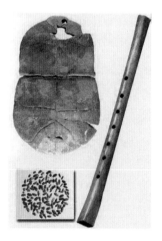

图 10　贾湖遗址出土龟甲和骨笛　　图 11　贾湖遗址出土龟甲和石子

宇宙观的现实投射，同样是囊括天外宇宙和地表水文的全息知识体系，可以说是我们可以追溯的河图洛书的最早渊源。

## 二、宋代河图洛书的确立和发展

我们再看图式呈现的河图洛书。在现存文献中，第一次将河图、洛书视为黑白点数图式的人是刘牧。诚如前引朱震《汉上易传》所述，河图洛书传承发展体系，学者们普遍认同河图洛书源于五代宋初著名道教学者陈抟。当然，也有学者认为黑白点河图洛书是刘牧传自陈抟云云只是附会。❶ 对于这个问题，一方面我们应该看到，前文对相关史料的梳理已经能够清晰表明九数、十数的排列图式古已有之，并不断经由儒家阐发而始终与《周易》保持密切关系，当时虽未称其为河图洛书，

❶　王卡:《周易知识通览·河图与洛书》，齐鲁书社1993年版，第433页；李申:《易图考》，中央编译出版社2018年版，第168—171页。

但可将之视作十数九数黑白点图河图洛书的悠久思想渊源。

另一方面，朱震所载的传承体系并非空穴来风。关于陈抟所创《易龙图》图式虽已失传，但南宋吕祖谦编纂《宋文鉴》录有《龙图序》，元代张理《易象图说》据此绘制了五张以"图书"命名的图式（见图12—16）：

第一阶段为"龙图天地未合之数"，上天、下地分明而未合：天数五在上，分为五位，故得二十五于图

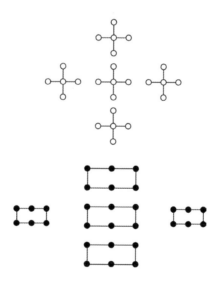

图 12　龙图天地未合之数

（载于张理《易象图说》卷上）

式上方；地数六在下，亦分为五位，故得三十于图式下方。

　　第二阶段为"龙图天地已合之位"，变动为天地相合：图式上方为天之象，由天一、地二、天三、地四、天五组成，共计十五，为五行生数；图式下方为地之形，由地六、天七、地八、天九、地十组成，共计四十，为五行成数。

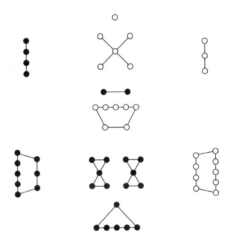

图 13　龙图天地已合之位

（载于张理《易象图说》卷上）

　　第三阶段则分化成两种图式："龙图天地生成之数"的成形概念和"洛书天地交午之数"的成形概念。

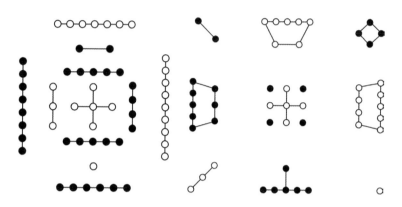

图 14　龙图天地生成之数　　　　图 15　洛书天地交午之数

（载于张理《易象图说》卷上）　　（载于张理《易象图说》卷上）

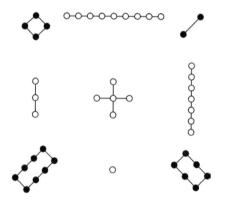

图 16　洛书纵横十五之象 ❶

（载于张理《易象图说》卷上）

❶　（元）张理：《易象图说·内篇上》，《通志堂经解》第 9 册，江苏广陵
　　刻印社 1996 年影印本，第 4961—4964 页。

前者六七八九为地之形，保持第二阶段图式下方的样
貌，列于外围的四正方位；一二三四则为天之象，右
旋而配其五行成数；五和十居中央，为天地运行的
枢纽。后者第二阶段图式下方的六七八九维持不动，
图式上方的一二三四，以"×"型转移至对角线的
方位。

　　由张理拟作的五张《易龙图》图书可知，河图洛书
图式的形成具有一段演变历程，而其间的生成与变化，
则与两汉的五行思想系统息息相关，河图洛书则是此套
变化程序的最终阶段。

　　前文已述，黑白点数字河图洛书具有悠久的历史渊
源，并经历了漫长的确立过程，只是关于何者为河图、
何者为洛书，却出现了分歧。最早将河图洛书绘制成图
式者，当为北宋刘牧。

　　刘牧，北宋徐州人，字长民。善言边事，宋真宗
时曾经献阵图、兵略，因此得到召见，赐进士出身。
宋仁宗初年，累官至太常博士、通判定州。天圣三年
（1025），擢为屯田员外郎、权度支判官。学《周易》于

范谔昌，著有《新注周易》《易数钩隐图》等。其《易数钩隐图》序有言：

> 夫卦者，圣人设之观于象也。象者，形上之应，原其本，则形由象生，象由数设，舍其数则无以见"四象"所由之宗矣。❶

> **译文**：那些讲解八卦的人，圣人的观察在于象征性。象是形而上的反映其本，于是象生形，象由数成，舍弃数则不能看到"四象"所产生的现象。

确立以"数"为"象"的本源。又曰：

> 夫卦者，天垂自然之象也，圣人始得之于"河图""洛书"，遂观天地奇偶之数，从而画之，是成八卦。❷

---

❶（宋）刘牧：《易数钩隐图·序》，《道藏》第 3 册，文物出版社、上海书店、天津古籍出版社 1988 年影印本，第 201 页。

❷（宋）刘牧：《易数钩隐图》卷中，《道藏》第 3 册，文物出版社、上海书店、天津古籍出版社 1988 年影印本，第 210 页。

　　**译文**：卜卦之人，靠的是上天显示的自然象征，圣人才会在河图与洛书得到宇宙之奥秘，可以从天地与奇偶数中观察，画出来的，就是八卦。

指出两者为天地奇偶之数，完成了从"仰观俯察说"到则《河图》画卦说的根本转变。刘牧所绘制的河图洛书如图17—21所示：

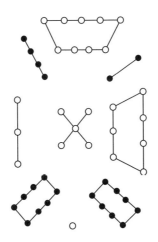

图17　刘牧河图

（载于宋代刘牧《易数钩隐图》卷下河图第四十九）

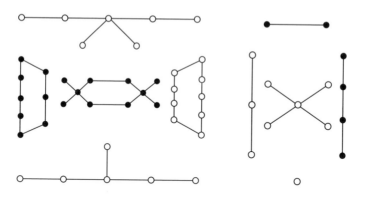

图 18　刘牧洛书五行成数图　　　　图 19　刘牧洛书五行生数图

（载于宋代刘牧《易数钩隐图》卷下）　　（载于宋代刘牧《易数钩隐图》卷下）

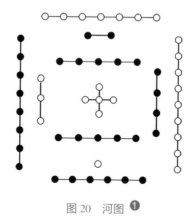

图 20　河图 ❶

---

❶ （宋）朱熹：《周易本义·易图》，《朱子全书》第 1 集，上海古籍出版社、
安徽教育出版社 2002 年版，第 17 页。

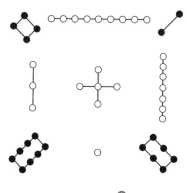

图21　洛书 ❶

　　显然，刘牧认为五行生成图为洛书，九宫图为河图。但与刘牧同时的阮逸认为刘氏把两者颠倒了，主张五行生成之十数图为河图，以九宫九数图为洛书，南宋朱熹、蔡元定均赞同此说，朱熹还将之载于《周易本义》卷首，如前图15、图16所示。

　　显然，两种图式唯一区别在于互易其名，刘牧以九数为"河图"、十数为"洛书"，朱熹以十数为"河图"、九数为"洛书"。学术界对两种图式曾经有过长期争论，但随着朱熹所绘制的版本成为普遍而权威的说法，刘牧

---

❶　（宋）朱熹：《周易本义·易图》，《朱子全书》第1集，上海古籍出版社、安徽教育出版社2002年版，第18页。

之说就逐渐式微了。

事实上，图式发展的背后通常掩藏着深刻的思想变迁。《易龙图》图式的"中央五"为宇宙枢纽，天地之数以此为轴心旋转，衍生出三个阶段。刘牧河图洛书的"中央五"，是将五行生数转换为成数的根据，象征着"道"与"器"之间的过渡。然而《易龙图》和《易数钩隐图》均未尝把"中央五"当作宇宙化生的泉源，直到南宋朱熹将其理解为"太极"，才建构出一套本体宇宙生成的哲学系统。

朱熹《记林黄中辨易西铭》曰：

> 太极乃两仪、四象、八卦之理，不可谓"无"，但未有形象之可言尔。故自此而生一阴、一阳，乃为两仪。而四象、八卦又是从此生。皆有自然次第，不由人力安排。❶

---

❶ （宋）朱熹：《晦庵先生朱文公文集·记林黄中辨易西铭》，《朱子全书》第 24 集，上海古籍出版社、安徽教育出版社 2002 年版，第 3407 页。

译文：太极是天地、四象、八卦之理，不能说"没有"，但也不能说是具象化的东西。从此而生一阴一阳，于是有阴阳两仪四象、八卦就是从这里生出来的。都有自然次序，不由人来决定。

他在《易学启蒙》中同样表示：

"太极"者，象数未形而其理已具之称，形器已具而其理无朕之目，在"河图""洛书"皆虚中之象也。❶

译文：所谓太极就是象数还没有具形之时，但是其理已经存在的时候的称谓。形和器都已具备，而其理就是没有征兆之前的眼线。在河图、洛书中，皆是虚中之象。

朱熹认为"太极"为根本之理，化生为"两仪"之

---

❶ （宋）朱熹：《易学启蒙·原卦画》，《朱子全书》第 1 集，上海古籍出版社、安徽教育出版社 2002 年版，第 218 页。

后，又再化生为"四象"，而后又再化生为"八卦"，为《易》之本体以及宇宙化生之根源，并指出"河图"和"洛书"具备"太极""两仪""四象""八卦"之象。"河图"中央虚五与十，"洛书"中央虚五，遂以"中央五"作为生数与成数的枢纽，象征"太极"本体的统摄与分殊。

朱熹以"太极"为宇宙天地间的至理，并由此"理"逐步分殊为"两仪""四象""八卦"，其间的演绎皆为阴阳气息之流变，如同河图洛书中央的数字五，虚其中而为黑白点数分合之关键。这正像邓立光先生所说的："若就理气相即的观点来看，则先有此理然后有是气，这就使天道隐含在'五'之中，从而使'五'具备了两层存有论的内容，即天道与气化生物的德性。"❶河图洛书以"中央五"为"理"、为"道体"、为"太极"，虚其中而能分合阴阳两气、过度五行生成、统御四正四隅、化生宇宙万物，形成一套本体宇宙生成的哲学系统。

那么，依照朱熹所定的黑白点河图洛书图式与太极

---

❶ 邓立光：《河图洛书含蕴之宇宙论意义》，朱伯崑主编《国际易学研究》第四辑，华夏出版社 1998 年版，第 282 页。

图又有什么关系呢？对于这个问题，我们不妨从时代背景和图式内容两个角度进行理解。

首先，就时代背景而言，儒学发展到五代宋朝时面临着来自佛道思想的巨大冲击，建构儒学世界观成为当时儒者亟待解决的时代命题。而在悠久的儒学传统知识体系中，"穷理尽性以至于命"的易学成为引起学者关注的最佳突破口，尤其兼具宇宙生成论和本体论双重含义的"太极"成为建构儒学世界观的重要根基。围绕"太极"展开的形而上的哲学思考并将之表达为可视化的太极图式，成为当时学者普遍关注的核心命题，而黑白点数字河图洛书的出现和定型可以说正是这种思潮的一种反映。

因此，作为理解太极的必要范式以及建构本体宇宙生成哲学系统的重要基础，河图洛书也曾被视为太极图的图式表达方式之一。后来随着周敦颐太极图，尤其是阴阳鱼太极图的出现和定型，河图洛书也无法被简单称为太极图，而只能谨慎地理解为广义的太极图或者是太极图前身。

其次，我们需要从图式内容理解河图洛书和八卦、太极图的密切关联。先看河图。河图蕴含阴阳五行之理,"天一生水,地六成之。地二生火,天七成之。天三生木,地八成之。地四生金,天九成之。天五生土,地十成之"。从五行方位来看,东木西金,南火北水,中间土。五行左旋而生,中土自旋,故河图五行相生,乃万物相生之理。土为德为中,故五行运动先天有好生之德。我们知道,银河系等各星系俯视皆右旋,仰视皆左旋。所以,"生气上转,如羊角而升也"。故顺天而行是左旋,逆天而行是右旋。即顺生逆死,左旋主生也。从阴阳的角度来理解,土为中为阴,四象在外为阳,此内外阴阳之理;木火相生为阳,金水相生为阴,乃阴阳水火既济之理;五行中各有阴阳相交,生生不息,乃阴阳互根同源之理;中土为静,外四象为动,乃阴阳动静之理。若将河图方形化为圆形,木火为阳,金水为阴,阴土阳土各为黑白鱼眼,就是太极图了,所以说河图是先天之数,讲的是天道。

再说洛书,洛书九宫布局为戴九履一、左三右七、二四为肩、六八为足,以五居中,这正与后天八卦的乾一兑二离三震四巽五坎六艮七坤八相合，洛书将五行生克转化为了九宫，是后天之数，讲的是地道。

通过梳理河图洛书渊源和演变，我们能够得出如下认识：

1. 河图、洛书具有深厚悠久的思想渊源，自先秦启其端绪，世代相袭不绝。

2. 经过漫长的发展过程，北宋刘牧最早将十数图确立为河图，将九数图确立为洛书；朱熹则恰好相反，主张九数河图、十数洛书。

3. 宋代的河图洛书首现于刘牧，至朱熹建构出一套本体宇宙生成的哲学系统。

4. 河图洛书是宋代图书易学的重要组成部分，是理解太极的必要范式，与太极图密切相关。

## 第二节　周敦颐太极图

周敦颐（1017—1073），字茂叔，道州营道（今湖南道县）人，原名惇实，因避宋英宗旧讳，改名惇颐，又作敦颐，因晚年曾经在庐山莲花峰下建濂溪书堂讲学，故称"濂溪先生"，其所创立学派被称为"濂学"，北宋五子之一。因他奠定了宋明理学的基础，因而被尊为"道学宗主"，即宋明理学的开山祖师。其太极图和《太极图说》为后代理学家提供了丰富的思想材料，将传统儒学提高到形而上的哲学高度，开辟了儒学发展的新思路，在中国哲学史上具有承前启后的关键作用。

周敦颐所作太极图在中国文化史上占据着极其重要的地位。关于周敦颐太极图，学术界已做了大量考证渊源、探寻思想的工作。对于"周敦颐太极图"是否由周敦颐自作，这一历经千年争论不休的重要问题，尽管仍有束景南❶、徐芹庭❷、姜广辉❸等学者坚持"周敦颐太

---

❶　束景南：《周敦颐〈太极图说〉新考》，《中国社会科学》1988 年第 2 期；《太易图与太极图——周敦颐太极图渊源论》，《东南文化》1994 年第 1 期；《中华太极图与太极文化》，苏州大学出版社 1994 年版，第 12—44、187—233 页。

❷　徐芹庭：《易图源流：中国易经图书学史》，中国书店 2008 年版，第 314—315 页。

❸　姜广辉：《理学与中国文化》，上海人民出版社 1994 年版，第 49—72 页。

极图"来源于道教的传统观点，但其实自 20 世纪 40 年代钱穆先生就已撰文对此进行了辩驳。❶ 近年来，不断有学者通过翔实可靠的历史考据，论证"周敦颐太极图"出自周敦颐之手，其中以邓广铭 ❷、郭彧 ❸、李申 ❹、张其成 ❺、郑吉雄 ❻、陈咏琳 ❼、吾妻重二 ❽为代表。对于"周敦颐太极图"的思想渊源问题，上述学者都在梳理周敦颐思想内涵与儒道释各学脉关联的基础上，认同"周敦颐太极图"是周敦颐所建构的儒学形上体系的重要基石，阐明了其以图像方式清晰展示出的天人关系与

❶　钱穆：《论太极图与先天图之传授》，《学思》第 1 卷第 7 期，1942 年。

❷　邓广铭：《关于周敦颐的师承和传授》，《邓广铭学术论著自选集》，首都师范大学出版社 1994 年版，第 289—313 页。

❸　郭彧：《易图讲座》，华夏出版社 2007 年版，第 66—77 页。

❹　李申：《易图考》，中央编译出版社 2018 年版，第 1—65 页。

❺　张其成：《张其成讲读〈周易〉：易图探秘》，广西科学技术出版社 2011 年版，第 186—197 页。

❻　郑吉雄：《易图象与易诠释》，华东师范大学出版社 2008 年版，第 163—221 页。

❼　陈咏琳：《宋代图书易学所创三大图式架构及其宇宙生成义涵》，《嘉大中文学报》2017 年第 12 期。

❽　[日]吾妻重二：《〈太极图〉之形成——围绕儒佛道三教的再检讨》，吴震、吾妻重二主编《思想与文献：日本学者宋明儒学研究》，华东师范大学出版社 2010 年版，第 177—193 页。

道德根源概念。当然，不可否认其受到了道教思想的影响。同时，刘大钧主编《百年易学菁华集成·初编·易学史》第 4 册收录多篇有关"周敦颐太极图"的论文，也是我们探讨"周敦颐太极图"的重要参考。❶

## 一、周敦颐太极图的含义和渊源

回到周敦颐太极图本身，自南宋开始，就存在着两种主要不同的图式结构，依各自的形构，在流传过程中又渐次影响其他的图式，而区分为两个不同的系统：一种是朱震《汉上易传》的样式（见图 22）；另一种则是经朱熹考订而流传的样式（以《宋元学案》为例，见图 23）。

二者之间，最大的不同在于前者"阴静"居上而"阳动"居下，后者则是"阴静""阳动"并列。在朱震的形式中，"阴静"的位阶较高、"阳动"较低；而在朱熹

---

❶ 刘大钧主编：《百年易学菁华集成·初编·易学史》第 4 册，上海科学技术文献出版社 2010 年版。

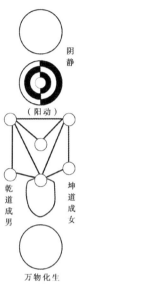

图 22　朱震《汉上易传》太极图　　图 23　《宋元学案》太极图
（载于宋代朱震《汉上易传》卷上）　（载于清代黄宗羲《宋元学案》）

　　的样式内，阴阳则是一种平行的辩证关系。尽管图式存在细微的分歧，内涵出现局部的差异，但对周敦颐太极图的整体解释并未出现明显分殊。

　　周敦颐的《太极图说》和《通书》都是对《周易》的阐释之作，尤其是他的《太极图说》，更是易学史乃至学术史上的经典文献。兹录其全文如下：

无极而太极。太极动而生阳，动极而静；静而生阴，静极复动。一动一静，互为其根。分阴分阳，两仪立焉阳变阴合，而生水火木金土。五气顺布，四时行焉。五行，一阴阳也；阴阳，一太极也；太极，本无极也。五行之生也，各一其性。无极之真，二五之精，妙合而疑。"乾道成男，坤道成女"。二气交感，化生万物。万物生生，而变化无穷焉。惟人也得其秀而最灵。形既生矣，神发知矣，五性感动而善恶分，万事出矣。圣人定之以中正仁义，而主静（自注云：无故欲静），立人极焉。故"圣人与天地合其德，日月合其明，四时合其序，鬼神合其吉凶"。君子修之吉，小人悖之凶。故曰："立天之道，曰阴与阳。立地之道，曰柔与刚。立人之道，曰仁与义。"又曰："原始反终，故知死生之说。"大哉！易也，斯其至矣！❶

---

❶ 见（宋）周敦颐撰，梁绍辉、徐荪铭等点校《周敦颐集》，岳麓书社 2007 年版，第 5—8 页。需要特别说明的是，通行本《周敦颐集》现在主要有两个版本：一是中华书局 1990 年本，它主要根据明清时期比较重要的五个本子相互校勘而出版；另一个则是岳麓

因为《太极图说》是我们理解周敦颐太极的重要依据，所以谨做全文翻译如下：

"太极"就蕴含在宇宙初始状态的"无极"之中。"太极"运动而阳气产生；"太极"静止而阴气产生；"太极"静止到极致就是运动。一动一静之间，动静相互以对方为自身得以产生的根本，由此而产生阴阳的分别，这就是"两仪"。阴阳变化、和合之间，产生了水、火、木、金、土五种自然界的基本物质。万物被赋予五种属性，它们各得其所，因此有了春、夏、秋、冬四季。五行统一于阴阳，

书社于 2006 年重刊中国国家图书馆所藏宋刻十二卷本《元公周先生濂溪集》，2007 年更名为《周敦颐集》。但是，由于中华书局版《周敦颐集》所据底本为明末至清代的版本，其中已有很多后人修改的部分，有学者指出，中华书局版《周敦颐集》的点校者未能很好利用宋、明时期周敦颐文集的各个版本，致使失误较多。（见栗品孝《中华书局点校本〈周敦颐集〉考辨三则》，载于四川大学古籍整理研究所、四川大学宋代文化研究中心编《宋代文化研究》第十八辑，四川文艺出版社 2010 年版，第 149—152 页）因此本节主要选择以宋版《元公周先生濂溪集》为底本的岳麓书社版《周敦颐集》，参以中华书局版《周敦颐集》进行探究。

阴阳蕴含于太极之中，太极本之于无极。

五行的产生都是因为自然赋予它们不同的性质。无极这样的自然规律，与两仪之气和五行共同作用，从而产生了生物。阳气运行的规律叫作"乾道"，阴气运行的规律叫作"坤道"。乾道使雄性产生，坤道使雌性产生。乾坤相交，万物由此产生。这便是世间万物生生不息的原因。

在万千生物之中，只有人是万物造化过程当中最得太极精妙的生物。有了形体之后，人产生了意识。受到五行的影响，人有了善恶之别，而能思考世界。在人之中最杰出的圣人规定人间法则是无过无不及之"中"、不偏不倚之"正"以及施恩及物之"仁"，裁断合宜之"义"，这是人类道德的最高境界，叫作"人极"。

用《易经》里的话来说，圣人"顺应天地化育万物、日月照耀大地、四季顺时变化、鬼神主宰吉凶"，有道德的君子会像圣人这样做，但人格卑鄙的小人会违背这些规律。所以《易经》说：

"天道运行的规律叫作阴与阳；地道运行的规律叫作柔与刚；人道运行的规律叫作仁与义。"又说："明白事物发展的始末，就知道生死是怎么一回事了。"《易经》能说到这么深奥的哲理，真是伟大啊！

结合图说，不难发现图式的"无极而太极—阴静阳动—五行—男女—万物"与《周易·系辞上传》"易有太极，是生两仪，两仪生四象，四象生八卦，八卦定吉凶，吉凶生大业"一脉相承。换言之，前者遵循了后者的宇宙生成顺序。

周敦颐太极图从上至下共分五层，第一层为空心圆圈（见图 24），是万化之源，代表宇宙、天地的开端。从外形上看表示无声无息、无形无体的状态；实质是道体的存有表现，是宇宙衍生无数形而下产物的本体。周敦颐在《太极图说》注解之曰："无极而太极。"❶宋人在阐

❶　在有的周敦颐太极图版本中，"无极而太极"题于第一层圆圈之上，比如《宋元学案》即属此类。

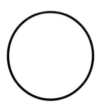

图 24　周敦颐太极图第一层

释时出现了争议，对于"太极之外，究竟是否还有个无极"出现三种不同的见解。

第一种认为太极、无极之名并存，以朱熹为代表。其中又分为两种不同理解思路。一种说法认为，"太极"与"无极"为道体的一体两面，"无极"是道体无声无息、无形无体的状态，"太极"则是道体的存有、实有表现。另一种说法认为，"太极"是宇宙化生系统的本体和根源，"无极"则只是用来形容"太极"所具备的无声无息、无形无体等性质。

第二种认为太极之外，不称无极，以陆九渊为代表。认为"太极"已经是天地万物的总根源，是本体宇宙生成论的发端，更是"理"的本身，如果再把"无极"强行加入"太极"的宇宙化生系统之上，就会陷入头上安头、叠床架屋的窘境。

　　第三种认为太极之上，又有无极，主要为道教学者所主张。认为"无极"是一切根源，"太极"则本于"无极"而生。"无极"在"太极"之先，比"太极"更具有优先性、超越性，两者之间具有阶段、先后、本末关系，所以最终呈现出的宇宙起源为"无"，由"无"而生"有"。

　　第二层主体为阴阳两仪白黑三重图（见图25），以"阳动""阴静"表现"太极"化生一切的自然机能，而且由圈中黑白相间表示的阴阳动静，寓意了互相生成、交融、变化、转换、循环的永恒动态性。周敦颐《太极图说》注解之曰："太极动而生阳，动极而静；静而生阴，静极复动。一动一静，互为其根；分阴分阳，两仪立焉。""太极"是宇宙生成的根源，在"阳动""阴静"交替运行之下，尤其阴阳彼此依存、相互含摄的过程之中，"太极"本体

图25　周敦颐太极图第二层

成为天地万物的源头活水，阴阳、五行、男女、万物成为其形而下的产物，朱熹称之曰："盖天地之间，只有动静两端，循环不已，更无余事，此之谓易。而其动、其静，则必有所以动静之理焉，是则所谓太极者也。"

第三层是五行交互（见图26），水、火、木、金、土五种性质的交互运行，造就了"气"的多元性，是处于阴阳两仪的下一个阶段，同时也是以下两层化生人类与万物的前提和基础。周敦颐《太极图说》注解之曰："阳变阴合，而生水、火、木、金、土。五气顺布，四时行焉。五行，一阴阳也；阴阳，一太极也；太极，本无极也。五行之生也，各一其性。"上阶段的阴阳相变、

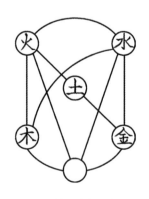

图26　周敦颐太极图第三层

相合，生出此阶段的五行（水、火、木、金、土）。五行之中，水阴盛、金阴稚，因此居于第二层右方"阴静"之下；而火阳盛、木阳稚，因此居于第二层左边"阳动"之下。阴、阳两者互为其根，水生木、木生火、火生土、土生金、金生水，循环往复，五气由此顺次部署，推动四时顺畅运行。

周敦颐太极图中，从第一层到第三层是生物出现之前的宇宙形成系统，第四层、第五层则阐发人类与万物之形成（见图 27、图 28）。阴阳、五行是太极道体的彰显，宇宙演进至第三层，萃取出无极之真，以及阴阳两仪、五行五气之精华，人类则因妙合于第一层至第三层精要处，是以能够凝聚而化成男女，而且又因先于万物禀受宇宙中最精纯之气，是以能够成为万物之灵。在人

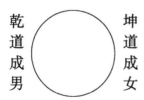

图 27　周敦颐太极图第四层　　　图 28　周敦颐太极图第五层

类形成之后，二气再度交感、流行，最终产生自然界万物。世间生物正是在此动态循环的宇宙生成系统运行下，实现了生生不息、变化无穷。因此周敦颐在《太极图说》注之曰："无极之真，二五之精，妙合而凝。'乾道成男，坤道成女'，二气交感，化生万物。万物生生，而变化无穷焉。惟人也，得其秀而最灵。"

关于周敦颐太极图的渊源，自宋代以来有三种说法：

1. 出自周敦颐自创。此说由北宋潘兴嗣《濂溪先生墓志铭》提出："（周敦颐）尤善谈名理，深于易学，作《太极图》《易说》《易通》数十篇，诗十卷，今藏于家。"后为南宋朱熹、张栻、黄震所继承。

2. 传自五代宋初著名道士陈抟。此说主要依据南宋朱震《汉上易传》所述传授谱系："濮上陈抟以先天图传种放，放传穆修……修以太极图传周敦颐。"即陈抟→种放→穆修→周敦颐，后来南宋陆九渊赞同此说。

3. 源于佛教僧人寿涯的传授。此说由北宋晁说之提出，主要依据周敦颐曾师事润州鹤林寺僧人寿涯的记载。

　　以上三种说法可分别归纳为自创说、道教说和佛教说，究竟其渊源为何，当代学界早已有所关注，并进行过细致严谨的考述。本书前文已对相关研究成果进行简要评述，这里将结合周敦颐太极图和道教、佛教中出现的诸多图像进行比较分析，探讨周敦颐太极图究竟是自创还是源于道、佛，它们之间又是否存在某种关联。

　　首先看源于道教说，其中又主要被分为三种说法。第一种说法由清代胡渭《易图明辨》提出，侯外庐、邱汉生等《宋明理学史》也认同此说，认为周敦颐太极图源于《道藏》所收唐玄宗时期《上方大洞真元妙经图》中的《太极先天之图》（见图29）。

　　但李申经考证认为，《太极先天之图》的出现应该是南宋以后的事，因此该说法的确站不住脚。

　　第二种说法由清代毛奇龄提出，在他看来，《周易参同契》中原本载有《水火匡廓图》和《三五至精图》，分别与周敦颐太极图的第二层、第三层极为相似，只是朱熹在写《周易参同契考异》时故意将之删去，进而致使周敦颐参照这两张图的事实淹没于史。日本学者吾

图 29　太极先天之图
（取自《正统道藏》本）

妻重二在翻检《道藏》后，发现无论哪种《周易参同契》
的版本都不存在那样的图，因此毛奇龄的说法只能是
臆断。❶

　　第三种说法由清代黄宗炎提出，认为周敦颐太极图是对
描绘道教内丹过程的《无极图》（《陈图南本图》，《易学辨

---

❶　[日] 吾妻重二：《〈太极图〉之形成——围绕儒佛道三教的再检讨》，
吴震、吾妻重二主编《思想与文献：日本学者宋明儒学研究》，华
东师范大学出版社 2010 年版，第 180 页。

惑》）进行的儒家式改造（见图30），并在《〈太极图说〉辨》
中言之凿凿陈抟曾将之刻于华山石壁，并构建出悠久而
完整的传授谱系：

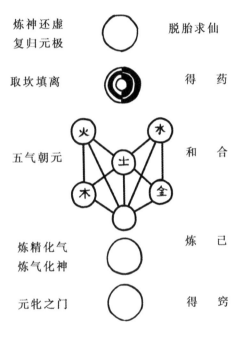

图30　黄宗炎所见陈抟《无极图》

此图本名无极图，陈图南刻于华山石壁。列
此名位，创自河上公。魏伯阳得之以著《参同契》，
钟离权得之以授吕洞宾。洞宾后与图南同隐华山，
因以授陈。

**译文**：这个图原本的名字叫无极图，是陈抟刻在华山岩壁，列在这个位置，创自从河上公，魏伯阳得到的用以著《参同契》，钟离权得之又给了吕洞宾。吕洞宾后来又和王圆南一同隐居华山，因此传给了陈抟。

虽然该说法时至今日仍被广泛引用 [1]，但事实上却并不能称之为可靠。李申在运用史源学方法的考证后，作出合理推论："陈抟没有在华山石壁上刻过《无极图》。" [2] 然而，吾妻重二则通过梳理道教典籍，论证出黄宗炎述及的五阶段式内丹理论在周敦颐的时代并不存在，认为"黄宗炎所说的内丹理论与其所说的《无极图》系谱一样，有大量的杜撰成分" [3]。

---

[1] 任继愈主编：《中国道教史》，上海人民出版社 1990 年版；卿希泰主编：《中国道教史》第二卷，四川人民出版社 1992 年版。

[2] 李申：《易图考》，中央编译出版社 2018 年版，第 40 页。

[3] [日] 吾妻重二：《〈太极图〉之形成——围绕儒佛道三教的再检讨》，吴震、吾妻重二主编《思想与文献：日本学者宋明儒学研究》，华东师范大学出版社 2010 年版，第 183 页。

既然源于道教说缺乏明显的事实依据，那源于佛教之说是否可靠呢？自宋代出现僧人寿涯传授说以后，明代僧人宗本《归元直指集》又在此说基础上，把国一禅师作为《太极图》传承系统的起点："国一禅师以道学传于寿涯禅师，涯传麻衣，衣传陈抟，抟传种放，放传穆修，修传李挺之，李传康节邵子也。穆修又以所传《太极图》授予濂溪周子。已而周子扣问东林总禅师《太极图》之深旨，东林为之委曲剖论，周子广东林之语而为《太极图说》。"❶源自寿涯传授说本就有牵强附会之嫌，难以成立，而以明代史料证明宋代传授之事，更是不足为据的。另有唐代法钦禅师作《太极图》之事，但唐代史料对此并无记载。这就意味着，至今并未有确凿可信的太极图源自佛教的传授谱系。

及至清代，毛奇龄为源于佛教说提出新的论据，认为周敦颐太极图受到了唐代佛教密宗《禅源诸诠集都序》（《大正藏》第48卷）附录《阿梨耶识图》（又称"十

---

❶ 《卍续藏经》第108册，台湾新文丰出版公司1993年版，第294—295页。

重图"）的影响（见图31—33）。

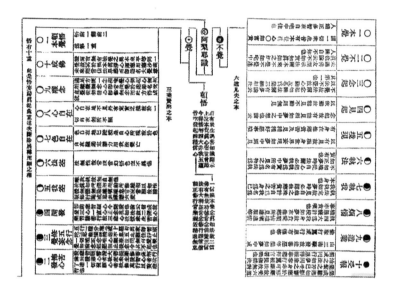

图31　密宗《十重图》

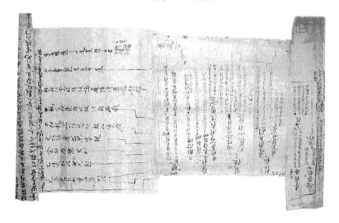

图32　敦煌抄本《阿梨耶识图》

图 33　高丽本《禅源诸诠集都序》所附之图

阿梨耶识图中出现的黑白相间三环与周敦颐太极图的第二层相似，因此被认为是图像上的先例。但事实上，带有黑白相间三环的《阿梨耶识图》出于明代佛藏，最早也只能追溯到元代，而在敦煌抄本《阿梨耶识图》和忠实翻刻宋版的高丽本《禅源诸诠集都序》所附之图，并未出现任何黑白图案。❶

❶　李申：《易图考》，中央编译出版社 2018 年版，第 37 页；[日] 吾妻重二：《〈太极图〉之形成——围绕儒佛道三教的再检讨》，吴震、吾妻重二主编《思想与文献：日本学者宋明儒学研究》，华东师范大学出版社 2010 年版，第 184—187 页；金秉岠：《辩太极图源于

这也就是说，源于佛教之说同样是无法成立的。

显然，源于道教、佛教之说均不可靠。因此，我们基本认同北宋潘兴嗣提出、南宋朱熹坚持的观点，认为《太极图》乃是周敦颐自己的作品。❶

有必要进一步阐明的是，我们认同《太极图》由周敦颐自创，固然是基于现有史料的确能够论证出《太极图》最早出自周敦颐之手所做的判断，但这并不意味着周敦颐太极图便是周氏截断众流的自我发明。恰恰相反，如果从思想史上进行历时性考察，会发现周敦颐明显受到道教内丹思想的影响，这在周敦颐太极图第二层、第三层上体现得尤为明显。

周敦颐太极图第二层的黑白三重图其实坎卦和离卦的组合，以坎离两卦代替单独的阴阳正是来自道教内丹思想。在唐宋时期的道教尤其是内丹思想中，并非阴阳而是坎离两卦，才是造化万物的基本要素，并被提升到万物创生根源的高度。另一方面，考察五行思想的

---

佛教一说》，《世界宗教研究》2010 年第 3 期。

❶ 李申：《易图考》，中央编译出版社 2018 年版，第 42 页。

发展演变会发现，东汉以来的道教丹术理论尤其内丹理论中，开始出现大量运用五行来表述宇宙循环、人体结构、药物性质等，反而是儒家学者鲜有对之进行发挥。❶ 这些都是周敦颐太极图受到道教影响的明证。

同样的，前文已述周敦颐太极图源于佛教之说缺乏充足论据，但我们仍然需要对以下问题进行思考：为何自宋至明清始终有学者力主源于佛教说？周敦颐太极图和佛教究竟是否存在关联？又存在何种关联？

既然自宋至明清始终不乏学者力主源于佛教说，说明两者之间必然存在某种相通性，这点在对其思想内涵进行比较考察后，能够得到清晰印证。周敦颐太极图以"无极"为本，提出"无极而太极"，而以"空""无"为本的佛教空观说也讲万法皆空，主张"泯绝无寄"，两者颇为相似。而且旅日佛学教授邢东风还从时空条件上分析，认为完全存在周敦颐受到唐代僧人法钦影响

---

❶　郑吉雄：《易图象与易诠释》，华东师范大学出版社 2008 年版，第 189—194 页。

或者说"心传"的可能性。❶ 可见，即便缺乏明确的
传授谱系，但周敦颐太极图和佛教的共通性也是不容
忽视的。换言之，佛教思想同样是周敦颐的思想来源
之一。

客观来说，自三国两晋南北朝尤其是唐代以来三教
合流的趋势逐渐显现，三教的思想不断渗透交融，因此
很多思想开始成为学者们行为规范、著书立说所共享的
思想源头。周敦颐正是处于这样的历史环境之中，因此
日本学者沟口雄三评价周敦颐宇宙论时指出，区别他的
思想来源究竟是儒家还是道家是没有意义的，因为周敦
颐的理论打破了儒释道的隔膜，使宇宙生成论得以建
立，以及天道观念得以理论化和系统化。❷

作为宋明理学的开山鼻祖，周敦颐利用《周易》
的话语体系，通过《太极图说》建立了一个由"无极
而太极"到"立人极"的思想体系，又以《通书》具

---

❶ 邢东风：《周敦颐的〈太极图说〉与佛教》，《2012 国际儒学论坛论
文集》，第 749 页。

❷ ［日］沟口雄三：《中国思想史——宋代至近代》，龚颖、赵士林等
译，生活·读书·新知三联书店 2014 年版，第 18 页。

体阐述"人极"的运作方式，由此实现"一种天人整体之学"。❶ 在此过程中，他并未极力排斥佛道，反而乐于出入于佛道之间，积极借鉴吸收佛、道理论以充实和完满其思想内涵。这种会通三教、促进儒释道文化融合的发展取向，显然是基于《周易》特别是《易传》儒道互补、以儒为主、综合百家、超越百家的学术品格和文化风范，❷ 对后世儒学发展产生深远而关键的影响。这也是宋初儒学在受到来自佛道思想的巨大冲击后，积极吸收佛道思想进而建构儒学世界观的成功实践，是儒学迎来复兴并重新取得意识形态主导地位的重要媒介。

## 二、周敦颐太极图的地位和影响

周敦颐太极图以图像方式整体展示出宇宙万物、社会发展乃至人之道德根源的深刻内涵及其互动关系，建

---

❶ 余敦康：《汉宋易学解读》，中华书局 2017 年版，第 258 页。
❷ 张涛：《易学研究新视野：从综合百家到融通三教》自序，社会科学文献出版社 2019 年版，第 3 页。

构了完整的基于宇宙生成论的更为严密的儒家道德本体论体系，确立了宋明理学的主要范畴和思维方式，与太极图相关的命题都成为后世理学家演绎思想的重要基础。

《太极图说》是与太极图紧密相关的解易之作，我们完全可以理解为，周敦颐旨在以"图"说"太极"，即五层架构的太极图式是周敦颐对"太极"的理解和诠释，这开创了以"图"诠释"太极"的先河。此后的空心圆太极图和阴阳鱼太极图都是该范式的延续和完善，进而不断赋予"太极"丰富的思想文化内涵，共同成为宋代易学中图书之学的重要基石，也是以太极文化为代表的中华优秀传统文化的重要组成部分。尤其随着南宋著名理学家朱熹撰述《太极图说解》以称颂《太极图》和《图说》，对宋代以来的存在论产生了重大转折。此后，周敦颐太极图成为元明以来官方倡导的经学的重要组成部分，甚至成为官方科举考试的教条，给后世带来了持续不断的深刻影响。❶

---

❶ 朱伯崑：《易学哲学史》（四），昆仑出版社 2005 年版，第 282 页。

　　随着时代的发展，基于必要的诠释需求，周敦颐太极图逐渐被后世儒者甚至历代道门中人借用来阐明自身思想。其中，后世儒者对周敦颐太极图的借用发挥大约始于南宋朱熹，其《朱子语类》中的《元亨利贞图》显然是本源于周敦颐太极图（见图34）。

图34　朱熹《元亨利贞图》

　　而且他还解释道：

太极、阴阳、五行，只将元亨利贞看甚好。
太极是元亨利贞都在上面；阴阳是利贞是阴，
元亨是阳；五行是元是木，亨是火，利是金，贞
是水。❶

与儒家学者借用周敦颐太极图阐明心性伦理思想
不同，历代著名道士不断借之阐释内丹修炼理论。道
家的修行法门讲求修炼内丹以脱胎成仙，要达到这个
目的就必须逆行造化，也就是与宇宙生成的模式相反，
即"逆施成丹"，因此出现大量类似于周敦颐太极图的
丹图。

南宋宝庆二年（1226），著名道士萧应叟在《元始
无量度人上品妙经内义》中附有《太极妙化神灵混洞赤
文图》，显然是将"周敦颐太极图"改造为了丹图（见
图35）。

及至明初，萧应叟所绘制的《太极妙化神灵混洞赤

---

❶ （宋）黎靖德编：《朱子语类》卷94，中华书局1986年版，第2378页。

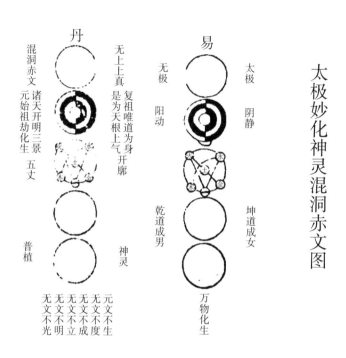

太极妙化神灵混洞赤文图

**丹**

混洞赤文　诸天开明三景　五丈
元始祖劫化生

无上上真　复祖唯道为身开廓
是为天根上气

普植　神灵

无文不光　无文不明　无文不立　无文不成　元文不生

**易**

无极　太极
阳动　阴静

乾道成男　坤道成女

万物化生

图 35　萧应叟《太极妙化神灵混洞赤文图》
（取自《正统道藏》）

文图》被道教第四十三代天师张宇初作《元始无量度人上品妙经通义》所采用（见图 36）。

元代陈致虚在《金丹大要》中，进一步将《周敦颐太极图》改为《太极顺逆图》，意在让人们在从事炼丹的逆过程中，先明了万物化生的顺逆过程（见图 37）。

众所周知，与儒家视立德、立功、立言的不朽为永

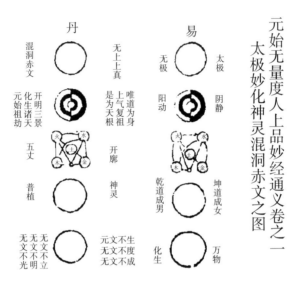

图 36　张宇初《混洞赤文图》

（取自《正统道藏》）

恒不同，道教追求的永恒是实现生命的价值，实现肉体与精神的永恒，实现个人与道的统一，也就是说，道教所讲的"太极""道"，"既是演化的起点，又是演化的终点"。❶ 基于不同的理论依据，道教对《周敦颐太极图》进行了创造性的改造应用。道教的"无极图"和"太极图"是一图二用：用以描述万物化生过程的称"太极

---

❶　冯国超：《析道教生命哲学》，《哲学研究》1991 年第 10 期，第 71 页。

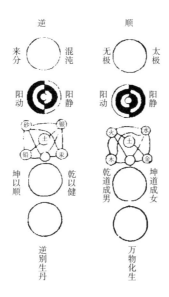

图 37　陈致虚《太极顺逆图》
（取自《正统道藏》）

图"，用以描述逆施成丹的称"无极图"；图旁各圈的解
说文字是解图人在进行具体解说时添上去的，最上一圈
从顺行造化的过程看是"太极"，从逆施成丹的过程看
是"无极"，因此它既是"太极"又是"无极"。❶ 如此，
周敦颐"无极而太极"说就具有正反双重属性，正向看
是太极—阴阳—五行—万物（人）的宇宙生化过程，逆

❶　束景南：《周敦颐〈太极图说〉新考》，《中国社会科学》1988 年第
2 期。

向看是万物（人）—五行—阴阳—无极的万物归复过程。道教对《周敦颐太极图》的改造应用，在一定程度上极大丰富了太极图的内涵，也为我们理解"太极"指明了一条可行的道路。而且这也表明，宋代以后已越来越无法忽视三教合流对社会主流思潮以及个人思想发展的影响。事实上，也正是从宋代开始，随着宗教思想影响的扩大和渗透，儒家才不断吸纳"图"的方式来阐发对"太极"的理解，不断赋予"太极"丰富的思想文化内涵。

周敦颐太极图还有一个至关重要的影响，那就是深化了空心圆太极图的内涵。所谓的空心圆太极图就是以一个圈表示太极。目前可考年代最早的空心圆太极图出自北宋刘牧《易数钩隐图》（见图 38）：

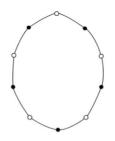

图 38　刘牧"太极图"

（载于宋代刘牧《易数钩隐图》卷上）

刘牧注解道：

> 太极无数与象，今以二仪之气混而为一以画之，盖欲明二仪所从而生。❶

**译文**：太极有很多意象化的形态，现在以天地二气混合之后而成，所以想要明白二仪所产生的地方。

表明"太极"为阴（黑点）阳（白点）两仪之气未分化前的混成状态，也标示着"太极"之中含有等量的阴气、阳气。简言之，以"太极"为阴、阳混沌未分之气，明显是对汉儒"气化宇宙论"的承继。

及至南宋，空心圆太极图则具备了"万化之本"的重要内涵。南宋林至《易裨传》载有此图（见图39），并注解道：

> 太极者，万化之本也。阴阳动静之理，虽具

---

❶ （宋）刘牧：《易数钩隐图》卷上，《道藏》第3册，文物出版社、上海书店、天津古籍出版社1988年影印本，第201页。

于其中，而其肇未形焉，故曰易有太极。

**译文**：太极乃是万物的根本。阴阳动静的道理虽然都在里面，而在最开始的时候不会表现出来，所以说易有太极。

图39 林至"太极图"

一个空心圆代表"太极"作为本源，万化居于其中的图像由此产生，这也标志着"太极"作为万物本体的概念在宋代已经确立。空心圆太极图彰显了"太极"无形、无象、无数等性质，是"万化之本"，显然来自于周敦颐太极图的演化变异。后者以图像方式整体展示出宇宙万物、社会发展乃至人之道德根源的深刻内涵及其互动关系，建构了完整的基于宇宙生成论的更为严密的儒家道德本体论体系，而前者则着意于其带有的本体含义，强调其作为"万化之本"的本体存在。

零即"0"，作为一个自然之数，不仅在描述形成万事万物存在的易变的道理，也在一定程度上揭示了万事万物的存在与易变的哲理。

"零"以其特有的姿态在正负之间默默无闻地矗立着。由于"零"的出现和存在，才在"零"的两侧相形见绌地产生了正与负的概念。如果没有"零"这个公认的道理和基准，那也就分不清正与负，也无所谓阴与阳了。正或负的程度，即数值的产生与多少，也都是以"零"作为基础和依靠的，或说都是相对于"零"而言的。如果没有"零"这个共同的依托和所向，一切数字都将无从谈起，无可确立。万数朝"零"、万数系"零"，都是向"零"的观望和朝拜。没有"零"就没有数值可言，可见"零"的重要和必要。

"零"是同等数值的正与负之和。不同等值的正与负之和不能得"零"，差别越大距离"零"就越远。同等值的正与负就是对称的阴阳关系。因此，也可以说"零"是阴阳平和的产物与结果，是对称双方在平等和谐之中的同隐与共现。

"零"绝不是没有，不是绝对的无和空。"零"是公正、平等、和贵的真理，"零"是高于正负的另一种存在形式和体制形态。不管是正负、还是多少，它们只有依附于"零"，顺从于"零"，在"零"的主持和把握下，才能得以显示和成立。"零"对所有的数都具有一种统筹和兼顾的作用。

电的正极与负极或说阴极与阳极是两种不同的存在形式，然而当它们通过灯丝平和地作用在一起时，便出现了光明。

再来看开心太极球，其中有很多"0"的存在，它不仅仅是一个"0"，更是太极中开心的奥秘所在。

我们认为，此"空心"圆与开心太极的"空心"球在宇宙观和哲学观有着天然和本质的内在联系，至此，太极从河图洛书对宇宙的自然描述到宋代对逻辑关系的图式表达，再次回到圆的本体，此时的圆已经融合了更为丰富的哲学内涵。

当然，以空心圆太极表达阴阳未判、太极混沌并无不妥，但另一方面，简简单单的一个空心圆难以阐释更为深邃的哲学命题、具有更为丰富的内涵价值。因此在后文的论述中，我们能够看到，正是得益于宋代以来的儒者对这些核心命题锲而不舍的探寻，进而孕育出阴阳鱼太极图并使其得到了不断丰富和完善。

## 第三节　阴阳鱼太极图

阴阳鱼太极图是如今最普遍、最常见、最广泛的太极图。标准的阴阳鱼太极图，内有黑白阴阳鱼互纠，外圈围绕以八卦或是六十四卦的图案。迄今为止，阴阳鱼太极图也是学界讨论最多的太极图式，不仅有徐芹庭 ❶、郭彧 ❷、李申 ❸、张其成 ❹ 等著名学者在其专著中进行精深而独到的研究，而且还涌现出一大批代表性论文，比如章伟文《"太极图"的文化内涵》❺、李士澂

---

❶　徐芹庭：《易图源流：中国易经图书学史》，中国书店 2008 年版，第 409—419 页。

❷　郭彧：《易图讲座》，华夏出版社 2007 年版，第 168—174 页。

❸　李申：《易图考》，中央编译出版社 2018 年版，第 66—117 页。

❹　张其成：《张其成讲读〈周易〉：易图探秘》，广西科学技术出版社 2011 年版，第 197—229 页。

❺　章伟文：《"太极图"的文化内涵》，《中国宗教》2003 年第 7 期。

《正确认识〈八卦太极图〉》❶、周来祥《中华和谐美第一图——太极图的审美观照和理性思考》❷等，一方面详细考辨了阴阳太极图的发展演变历程，另一方面具体阐释了其中的含义。

阴阳鱼太极图不仅具有精妙绝伦的美学外观，还具有深邃奥妙的思想内涵，是古代太极、阴阳、八卦等概念的重要载体和表现形式，是对中华智慧最精炼的概括和最完美的体现（见图40）。

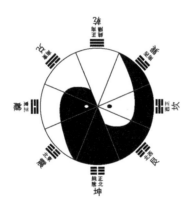

图40　阴阳鱼太极图

❶　李仕澂：《正确认识〈八卦太极图〉》，《第六届中国国际易道论坛文集》2015年版，第276—290页。

❷　周来祥：《中华和谐美第一图——太极图的审美观照和理性思考》，《学术月刊》2003年第10期。

类似的图式在当代生活中并不鲜见（见图41—43）。

图41　白云观"先天太极图"　　图42　成都青羊宫"十二生肖太极图"

太极所蕴含的宇宙观和哲学理念在世界范围内取得了广泛的共识、产生了深远的影响，甚至韩国、蒙古国等国家在体现民族文化意志的国旗上都采用太极作为主要元素（见图43、图44）。

图43　韩国国旗　　　　　　　图44　蒙古国国旗

本节所要探讨的是标准的阴阳鱼太极图，内有黑白阴阳鱼互纠，外圈围绕以八卦或是六十四卦的图案（见图45）。

图45　文王八卦方位太极图（拓于陕西周至县老子说经台）

## 一、阴阳鱼太极图的出现、定型和发展

### （一）阴阳鱼太极图最早出现于新石器时期

如今，阴阳鱼太极图成为最广为人知的太极图式，也成为中华文明的标志性符号之一。根据现有考古材料，能够发现其最早雏形出现于新石器时期。在仰韶文化西安半坡遗址出土的一种陶盆，陶盆内除了有一对人面鱼纹外，还有一对类似阴阳鱼太极图图式的鱼纹（见图46）。

此相对的两条鱼，假如可以将其平摊为一张图，不

图46 半坡遗址人面鱼纹陶盆

妨试着在它们之间画一条 S 形的曲线，那么，它可以抽象理解为一幅阴阳鱼太极图。

在马家窑彩陶文化中，这种具有太极范式的图形已经是成熟而且普遍应用的文化符号，成为中华文明发源的重要图形。比如鸟纹黑彩内外彩彩陶钵，图案的核心是两组曲线，每组曲线均是三条线，这三条线束成一组，头尾部展开，而在中部则束成一团，成为一条线了（见图47）。

新石器时代生产力并不发达，中国先民已经将早期的朴素的自然辩证应用到器物之中。从出土陶器中，我们惊讶地发现先民已经把蕴含太极精髓的 S 形曲线准确描绘出来，并传达出一定的事物相互融合、相互联系的审美观和哲学观。

图 47　马家窑文化鸟纹
黑彩内外彩彩陶钵

图 48　马家窑文化鸟纹黑
彩内外彩彩陶钵示意图

　　在大量出土的马家窑文化陶器纹饰中，不仅出现了
S 形曲线的构图，还有螺旋曲线嵌套与连通的广泛应
用。从中可以推断，在没有文字的新石器时期，类似太
极图图式的符号已经被先人有意识地普遍应用，并趋于
形成一种代表某种文化含义的图形范式。这种主流范式
的出现，一定是被确定为能够代表那个时代文化思想特
征的图形，进而被推崇并传承至今。

　　类似的范式历朝历代均有遗存。西周晚期，掌管西
周天文历法的太史伯公父家族和仲南父家族，将太极图
作为能够通天理地的神秘图形，用于家族的器具纹饰之
上（见图 49）。这种纹饰称之为天垣纹，天垣又称"天元"，
也称"天心""天极"。实物可考，伯公父壶盖图形实为"双

凤绕极太极图"。天垣纹不仅见于西周青铜器双凤太极图的中心，而且见于西汉漆盘双凤太极图的中心（见图50）。

图49　陕西扶风出土西周晚　　　图50　四川绵阳出土西汉漆盘
　　　期太史伯公父壶盖图　　　　　　　双凤太极图

### （二）阴阳鱼太极图逐渐定型于宋代

翻检现存文献资料，与当今流行的阴阳鱼太极图最为相似的图式，最早见于南宋张行成《翼玄》（见图51）。也就是说，阴阳鱼太极图定型于宋代。

张行成，字文饶，学者称为观物先生，南宋临邛（今四川邛崃）人。历官直徽猷阁、兵部郎中、知潼川府。其学以邵雍之说为归宿，祖于象数二图，代表作有《述衍》十八卷、《翼玄》十二卷、《元包数义》三卷，《潜虚衍义》十六卷等。

图 51　张行成《易先天图》

《翼玄》所载《易先天图》的形制比我们今天熟悉的太极图复杂，其外圈不是"八卦"，而是"六十四卦"，说明当时学者已经开始把太极图和卦图相结合，用以解释世间万事万物的生成。

张行成的阴阳鱼太极图除继承自新石器时期明确的阴阳观念和淳朴的图形外，还存在一条较为清晰的发展思想脉络。要梳理这条脉络，我们将从两条线索进行追踪考察：一个是最早绘制此图的南宋张行成的学术传承，另一个是宋代以来儒者所持续关心的核心命题。

南宋张行成受易于谯定，但他更为后人熟知的是以邵雍之学为归宿，据其在《易通变》中自述"仆学康节先生《易》几十年"❶，因此有"观物先生"之称。
邵雍之学对张行成影响极深，这从《易先天图》的名
字"先天"上就可见一斑。而且张行成还对其图解释
道："天地之象已具乎浑沦之中，太极之全体也，故命
曰有极图，以推明先天之义。"❷ 其目的在于"推明先
天之义"，毫无疑问是受到邵雍影响。

太极原本并没有先天、后天之分，及至北宋邵雍
《皇极经世书》才出现先天八卦、后天八卦的概念。邵
雍对其先天易学（或称先天学、先天象数学）的阐释是
为推演先天而在的形上之理而展开，先天象数易学只是
其表意的工具而绝非其学术思想的全部。从形式上来
看，先天易学是邵雍通过一套阴阳消长模式构建起来
的象数易学；但究其本质，先天易学是借《周易》阐发
儒家的性命义理之学。在邵雍的易学思想阐释体系中，
"先天"之道是贯穿于天地万物的最高法则，但其儒学

---

❶ （宋）张行成：《易通变》，张杰总点校《四库全书术数类全编》第
　3卷，青海人民出版社1999年版，第1885页。
❷ （宋）张行成：《翼玄》，中华书局1985年版，第1页。

所主张的人事之用才是真正的最终落脚点。因此，"推天道以明人事"是其易学思想阐释体系的重要旨趣，这点显然为张行成所继承。

为更加清楚地理解邵雍易学的影响，我们有必要对邵雍先天八卦和后天八卦做简单梳理。

前文已经述及，按照南宋易学家朱震《汉上易传》所记载的宋代图书易学的三大图式传承体系，"濮上陈抟以先天图传种放，放传穆修，修传李之才，之才传邵雍；放以河图、洛书传李溉，溉传许坚，坚传范谔昌，谔昌传刘牧；修以太极图传周敦颐，敦颐传程颐、程颢"，其中就提到"先天图"的传承脉络：

陈抟→种放→穆修→李之才→邵雍

胡渭认为邵雍所承继的陈抟的先天图就是阴阳鱼太极图。事实上，在邵雍的易学思想体系中，与"先天图"相关的主要有六种：先天八卦次序图、先天八卦方位图、先天六十四卦次序图、先天六十四卦方位图、先天六十四卦圆图、先天六十四卦方图，也被称为伏羲八卦次序图、伏羲八卦方位图、伏羲六十四卦次序图、伏羲六十四卦方位图、伏羲六十四卦圆图、伏羲六十四卦方图。其中，与阴阳鱼太极图最密切相关的是伏羲八卦方位图和伏羲六十四卦圆图。

伏羲八卦的次序按照《系辞》天地生化的顺序，始于乾而终于坤，"天地定位，山泽通气，雷风相薄，水火不相射；八卦相错，数往者顺，知来者逆。"这也成为伏羲八卦方位图的重要理论依据。具体如图52所示：

由"震"至"乾"为阳息，仿天左旋，为顺行；由

图52　伏羲八卦方位图

"巽"至"坤"为阴息,如地右旋,为逆行。邵雍以阴阳气息消长与天地运行方向为基准,绘制了不同于传统《易》学的八卦方位,而这样的排列位置,亦能说明四时变化、晦朔弦望、昼夜长短。朱熹《周易本义》对伏羲八卦方位图补充解释道:"邵子曰:'乾南、坤北、离东、坎西、震东北、兑东南、巽西南、艮西北。自震至乾为顺,自巽至坤为逆。后六十四卦方位放此。'"因此《周易·说卦传》中的"天地定位"一段恰好和邵雍乾南坤北、离东坎西的伏羲八卦方位图相对应。

依据伏羲先天次序和方位,可使六十四卦方位得到重新安排,具体如图 53 所示。

伏羲六十四卦方位图又可一分为二。外部为圆圈,称作伏羲六十四卦圆图,阐述阴阳流行,强调动态的时间;内部为方形,称作伏羲六十四卦方图,发明阴阳定位,强调静态的空间。其中,伏羲六十四卦圆图更是与阴阳鱼太极图直接相关。

朱熹《周易本义》也对伏羲六十四卦方位图解释道:"此图圆布者,乾尽午中,坤尽子中,离尽卯中,

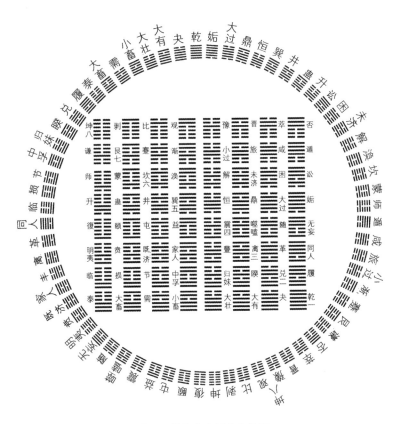

图 53　伏羲六十四卦方位图

坎尽西中。阳生于子中，极于午中；阴生于午中，极于子中。其阳在北，其阴在南。此二者，阴阳对待之数。"也就是说，伏羲六十四卦方位图诠释了阴阳动静、此消彼长，这点在理论上和阴阳鱼太极图基本吻合。但需要注意的是，伏羲六十四卦圆图中的阴爻似乎长短不一，是否有何寓意，还有待进一步探讨。

如果仔细对比伏羲八卦方位图、伏羲六十四卦方位图、伏羲六十四卦圆图和阴阳鱼太极图，不难发现，前者实际已具备后者的基本框架。

其实，先天八卦是邵雍吸收前贤卦气说的基础上建构的新的历史哲学体系。按照这种诠释模式，人类有史以来的天道人事，都可得到圆满的说明，而且事实与理论可谓若合符契。这也正是《皇极经世书》次序与《伏羲六十四卦图》保持着一致的原因所在。

邵雍通过上述易学图式所构建的阴阳消长模式，成为推演先天而在的形上之理、阐发儒家的性命义理之学的重要工具，尤其是伏羲八卦方位图由"震"至"乾"为阳息，仿天左旋，为顺行，由"巽"至"坤"为阴息，如地右旋，为逆行；伏羲六十四卦圆图阐述阴阳流行，强调动态的时间。显然，无论从形式上仔细观察上述诸图式与张行成《易先天图》的相似度，还是从意涵上分析两者之间的内在关联，都能够看出张行成《易先天图》受到邵雍创制图式的影响，这与张行成"学康节先生《易》几十年"的学术归宿是一致的。换言之，邵雍先天之学是阴阳鱼太极图的重要思想渊源，阴阳鱼太极图是先天太极图的推明进化。

另一条需要探讨追踪的线索是宋代以来儒者所持续关心的核心命题。我们不妨再次回到张行成对《易先天图》的诠释："天地之象已具乎浑沦之中，太极之全体也，故命曰有极图，以推明先天之义。"❶天地之象具于浑沦之中，成为太极之全体，隐约透露出易学家试图将太极—两仪—八卦—六十四卦统合于一图的努力。

这点在对阴阳鱼太极图推崇备至的明末章潢《古太极图说》中也能够得到印证："太极不过阴阳之浑沦者耳。原非先有太极，而后两仪生，既有两仪而后四象、八卦生也。又岂两仪生而太极遁，四象生而两仪亡，八卦生而四象隐。两仪、四象、八卦各为一物，而别有太极宰其中，统其外哉！"这里提及了以往《太极图》的一个重要弊端，即运用一系列各自分离的图形表示太极、两

---

❶　（宋）张行成：《翼玄》，中华书局 1985 年版，第 1 页。

开心太极

仪、四象、八卦的关系，难免给人一种错觉：太极、两仪、四象、八卦是各自独立的存在，而非浑然一体。

其实，受到融通三教的思想趋势的影响，宋初儒者纷纷开始对天理和人性进行深入思考，并逐渐援佛道入儒发展出一套形而上的儒学体系。在新的儒学体系中，如何完美表现宇宙演化的阶段性发展成为宋代以来儒者面临的新的历史命题，比如我们前述周敦颐太极图从上到下分为五层，其实便是依次排列来表示宇宙演化的几个阶段。

与周敦颐不同，当时还有儒者尝试用其他方式表现宇宙演化，例如比周敦颐稍晚的杨甲《六经图》中《太极图》便选取了层层叠加的方式（见图54）：

图54　杨甲《太极图》

（载于宋代杨甲《六经图》卷一）

　　该图从内到外，以逐层叠加的方式表现太极分阴阳，再分五行八卦的过程，看得出是想把太极、阴阳、五行和八卦囊括于一图之中。

　　及至南宋，又有林至《易裨传》吸收了周敦颐思想，分别用几张图来呈现太极、两仪、四象、八卦的过程（见图55—59）。

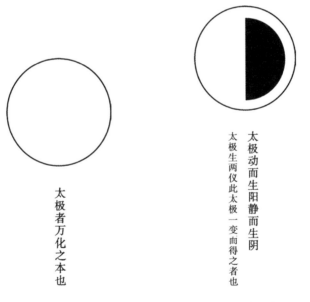

太极者万化之本也

太极动而生阳静而生阴
太极生两仪此太极一变而得之者也

图55　林至《太极图》
（载于宋代杨甲《六经图》卷下）

图56　林至《太极分阴阳图》
（载于宋代杨甲《六经图》法象第一）

图 57　林至《阴阳分四象图》

图 58　林至《四象分八卦图》

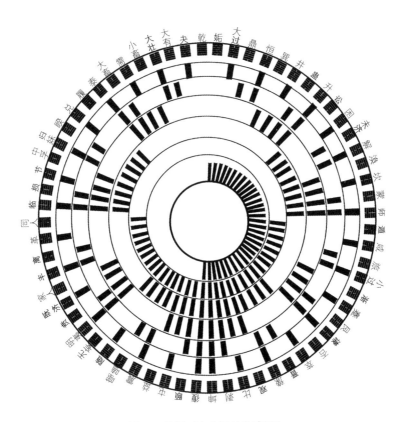

图 59 林至《六十四卦生成图》
（载于宋代杨甲《六经图》法象第一）

综合此列 5 张图，太极生两仪、两仪生四象、四象生八卦、八卦生六十四卦的演化过程的确可谓一目了然，但是也存在一个明显的弊端：将太极、两仪、四象、八卦以各自分离的图形表示，很容易给人一种错觉：太极、两仪、四象、八卦是各自独立的存在。因此，如何将太极、两仪、八卦、六十四卦统合于一图，而且是比周敦颐太极图和杨甲太极图更为简约的表达，始终是儒者持续关心的核心命题。

显然，阴阳鱼太极图不仅避免了各结构图式分离的缺点，又确实比周敦颐、杨甲和林至等人太极图更为简约精炼。该图式清楚地表达出太极生两仪、两仪生四象、四象生八卦、八卦生六十四卦的演化过程，但又将太极、两仪、八卦、六十四卦完美融合为一体，即太极分阴阳却并不脱离阴阳而存在，阴阳分四象、八卦也并不脱离四象、八卦而自存。该图式更为简单明了，耐人玩味，倍受学者青睐，章潢称赞其为诸图之冠，胡渭则认为其他易图均是由它变通而来。

当然，有学者对张行成《翼玄》中的《易先天图》的真实性保持怀疑，认为是清代人将林至"生六十四卦图"中加阴阳鱼图案而成，绝非南宋张行成所作旧图。史源学的论证方法固然是值得信赖的途径，但另一方面我们也不能忽视图式内涵本身的连贯性，《易先天图》

与北宋邵雍先天易图和杨甲古太极图所存在的一致性，为我们谨慎地相信张行成作《易先天图》提供了可能。

追溯阴阳鱼太极图的思想脉络，能够清晰地看出受到邵雍先天易学的深刻影响，并积极回应了宋代以来儒者所持续关心的核心命题，将宋代以来在太极、阴阳方面的哲学完美地表现于有形的图像中，应该说该图式是在邵雍先天易图、周敦颐太极图和杨甲太极图等基础上的融合凝练，是北宋以来易图学发展的最高成果。

我们认为，作为与太极、太极图一脉相承的立体全息理论体系，开心太极球迭代理论的理论依据和核心元素与《太极图》演进路径和基本命题大体一致。因为太极球迭代理论不仅是由周敦颐太极图、空心圆太极图和阴阳鱼太极图等核心元素共同孕育而来，更是将太极、两仪、四象、八卦等更完美融合为一体的内在要求。

（三）阴阳鱼太极图在明清以来的完善

及至元明之际，随着一些新的易图问世，才又出现了反映该思想的图式，明初的宋濂和张宇初对此均有所记载。

宋濂《河图洛书说》：

新安罗端良尝出图书示人，谓建安蔡季通传于
青城山隐者。图则阴阳相合，就其中八分之，则为
八卦。书则画井文于方圈之内，绝与前数者不类。

**译文**：新安罗端良曾经将河图给人看。告诉建
安蔡季通这是授传于青城山的隐者。河图为阴阳
共同组成，共分为八个部分，为八卦。洛书则是
画井文在方圈之内。

张宇初《先天图》：

罗端良尝谓受《河图》于蔡季通，得于蜀隐者。
其象如车轮，白黑交错，而八分之以为八卦。白
者，纯阳象乾；黑者，纯阴象坤。黑白以渐杂之，
而为余卦。

**译文**：罗端良曾经告诉蔡季通，河图是从蜀
山的一位隐者得到。其形象如车轮一样，白黑交

错，划分为八份是八卦。白色部分为阳，象征乾；黑色部分为纯阴，象征坤。黑带相杂部分，是余卦。

可见，宋濂和张宇初提及罗端良的图式是一种不同于黑白点的《河图》，从描述上来看，应该和《阴阳鱼图》相差无几，不过只是描述，并无明确的图式模型。

阴阳鱼太极图在明初赵㧑谦《六书本义》中叫作《天地自然河图》（见图60），与我们今天所熟悉的太极图更类似。

该图式如车轮，黑白交错，渐长渐消，和宋濂、张宇初的描述很接近。

图上分别标着八卦名称及其阴阳比例：

乾，居纯阳地。

坤，居纯阴地。

坎，对过阳在中。

离，对过阴在中。

图60　赵㧑谦《天地自然河图》
（明代赵㧑谦《六书本义》）

震，居阳一分，阴二分。

巽，居阴一分，阳二分。

艮，居阴二分，阳一分。

兑，居阳二分，阴一分。

**译文**：乾，在纯阳地。

坤，在纯阴的地方。

坎，对经过阳在中。

离，对经过阴在中。

震，在阳一分，阴二分。

巽，在阴一分，阳二分。

艮，在阴二分，阳一分。

兑，在阳二分，阴一分。

这符合张宇初所说的"八分之以为八卦"（见图61），
即解释了八卦的起源。

　　阴阳鱼太极图出现后引起学者的广泛关注。明末章
潢《图书编》就将之置于卷首第一幅图，命名为《古太
极图》（见图62），并有《古太极图叙》《古太极图说》《编

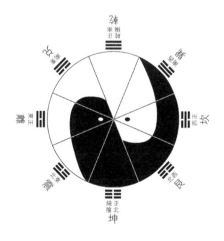

图61　《阴阳鱼八分之为八卦图》

图 62　章潢《古太极图》

（载于明代章潢《图书编》）

首古太极图说》阐发其价值与意义。

很明显，章潢改造了赵撝谦的图式，阴阳鱼的眼睛从狭长变为圆形，而且图形与八卦的角度也被更加严格地规范起来，整体看起来更加美观。

章潢对此推崇备至，其《古太极图说》有言：

太极不过阴阳之浑沦者耳。原非先有太极，而后两仪生，既有两仪而后四象、八卦生也。又岂两仪生而太极遁，四象生而两仪亡，八卦生而四象隐。两仪、四象、八卦各为一物，而别有太极宰其中，统其外哉！

**译文**：太极不过是阴阳浑沦。原非先有太极，然后生两仪，有了两仪后又生四象，四象又生八卦。又岂是两仪产生太极消失，四象产生两仪消亡，八卦产生四象消隐。两仪、四象、八卦各是一物，而太极主宰其中，统摄内外。

明代赵仲全《道学正宗》也载有《古太极图》（见图63），其实同样是阴阳鱼太极图。

显然，与前述图式不同，赵仲全为阴阳鱼太极图加上了轴线。

及至清初，章潢的太极图式及其解说被高雪君收入《易经来注图解》，并称之为《伏羲太极之图》（见图64），这是目前所见最早将之称为"太极图"的记载。来知德另有一幅八卦太极图，名曰《先天画卦图》（见图65），被有的学者认为是最正确的八卦太极图。❶

可见，清代学者不断对明代太极图进行润色，几乎

❶ 李仕澂：《正确认识〈八卦太极图〉》，《第六届中国国际易道论坛文集》2015年版，第276—290页。

图 63 赵仲全《古太极图》

（载于明代赵仲全《道学正宗》）

图 64 来知德《伏羲太极之图》

（载于来知德《周易集注》）

图 65　来知德《先天画卦图》
（载于来知德《周易集注》）

形成了与今天相同的阴阳太极图，并在社会生活中得到
广泛应用，比如清代光绪年间（1904—1909）河南元宝
铜圆就使用过太极图（见图 66）：

图 66　光绪河南元宝铜圆中的太极图

141

## 二、阴阳鱼太极图的文化内涵

阴阳鱼太极图历来具有多重内涵。

第一，阴阳鱼太极图诠释了八卦的起源以及生化宇宙万物的具体过程。《周易·系辞上传》述及八卦起源时说："是故易有太极，是生两仪，两仪生四象，四象生八卦，八卦定吉凶，吉凶生大业。"《周易·说卦传》也记载"观于阴阳而立卦，发挥于刚柔而生爻"，却均未言明具体过程，而阴阳鱼太极图则根据阴阳消息八分太极图得出八卦的详细方法。

首先是"易有太极，是生两仪"。图式最外层作为一个圆圈，表示太极；圆圈之中有一黑一白两条阴阳鱼互相环抱，黑鱼代表阴，白鱼代表阳，即为两仪。

其次是"两仪生四象"。阴气盛于北方，但阳气渐生，所以一阳生为震；之后阳气逐渐强盛，依次由震、离、兑至于乾，为阳气之极盛。其中，震卦处东北，白一分、黑二分，一奇二偶；离卦处正东，黑中有白点，二白夹一黑；兑卦处东南，白二分、黑一分，二奇一偶；乾卦正南，全白，也就是三奇，属纯阳之卦。同理，阳气盛于南方，阳盛则衰，所以一阴生起为巽，而随着阴气的逐渐强盛，由巽、坎、艮至于坤，为阴气之极盛。其中，巽卦处西南，黑一分、白二分，一偶二奇；坎卦处正西，白中有黑点，二黑夹一白；艮卦处西北，黑二分、白一分，二偶一奇；坤卦处正北，全黑，也就是三偶，属纯阴之卦。

最后是"四象生八卦"。上述阴阳两个"四象"相合，即可成乾兑离震巽坎艮坤八卦。

那阴阳鱼太极图中的黑白两点究竟有什么重要作用呢？章伟文先生对此精辟概括道："阴盛于北而阳气生起，阴避阳，故回入中宫。但是，阳气为什么会生起呢？这是因为黑中仍然有一点之白作为阳精，当晦塑阴盛之时，这一点阳精与日中之阳相感应，使对方之阳生出，从而成为生阳之本。同理，阳盛于南而阴气生起，阳避阴而回入中宫。当望夕之时，白中一点之黑作为阴精与月中之阴相感应，使对方之阴生出，从而成为生阴之本。所以，阴阳鱼太极图中的黑白两点，在运转太极

图中发挥着重要作用。"❶

　　第二，阴阳鱼太极图蕴含着阴阳动静消长的基本理念，是诠释节气变化、万物兴衰、世界终始的重要理论依据。

　　前文的论述已经清晰表明，阴阳鱼太极图秉承了邵雍先天易学的阴阳动静消长之理。一方面，黑白阴阳鱼各有运行的起点和趋势，其中黑鱼自右下方起右行，由大到小，说明阳气渐盛、阴气渐消；白鱼由左上方起左行，由大到小，说明阴气渐盛、阳气渐消；另一方面，黑白阴阳鱼首尾互纠缠绕，说明阴气渐盛的同时阳气渐消，阳气渐盛的同时阴气渐消，两者同时而行、相始相终，不可分离。

　　推而广之，阴阳鱼太极图的阴阳消长正好说明了二十四节气的变化规律。从白鱼尾部渐起开始，立春一阳生，然后白鱼逐渐变大，并最终成为全白，表示历经春分、立夏，至夏至阳气最盛，此时为纯阳之卦，即乾卦。盛极而衰，在白鱼大到极点的同时，黑鱼渐长，预

---

示着立秋开始，然后黑鱼逐渐变大，并最终成为全黑，表示历经秋分、立冬，至冬至阴气最盛，此时为纯阴之卦，即坤卦。黑鱼大到极点的同时白鱼又生起，循环不已。两鱼眼则隐含着冬至虽纯阴但蕴含阳气将生、夏至虽纯阳但蕴含阴气将生的道理（见图67）。

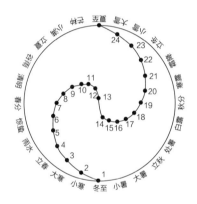

图 67　阴阳鱼太极图和二十四节气

邵雍依据其先天易学创立"先天象数图"和"元会运世说"，认为宇宙万物、人类社会无不按照他的先天象数图所示的规则运行变化，而且都会有循环往复的过程。这点也在阴阳鱼太极图有所体现，尤其是明代著名易学家来知德认为阴阳鱼太极图穷尽了"天地万物之理"，能够用以诠释宇宙万物、社会终始。

来知德（1525—1604），明代理学家、易学家，字矣鲜，别号瞿塘，明夔州府梁山县（今重庆市梁平区）人。嘉靖三十一年（1552）举人，屡上公车不第，便"杜门谢客，穷研经史"，隐居求志，著述为乐，著有《周易集注》《来瞿唐先生日录》，分别收入《四库全书》和《续修四库全书》。明穆宗隆庆四年（1570）起，主要精力用于研究《周易》。明神宗万历二十七年（1599），完成《易经集注》一书。万历三十年（1602），被特授翰林院侍读。死后，皇帝御赐"崛起真儒"匾额以褒其贤。后世尊其为"一代大儒""崛起真儒"，建来公祠以祀。其《易》学成就更是独树一帜，时称"绝学"，"孔子以来未曾有"，对后世影响至深，研究者遍及海内外。

来知德十分推崇阴阳鱼太极图，并在其启发下创作了阴阳交流、包含具有动感的易图（见图68）。

来知德对该图解释说："此则兼对待、流行、主宰之理而图之也，故图于伏羲、文王之前。"伏羲先天图和文王后天图各有区别，伏羲讲对待，文王图讲流行，而他的图则突破其偏重某方面的局限，不仅包含了流

图 68 来知德《圆图》
（载于来知德《周易集注》卷首上）

行、对待，而且也包含了主宰的理。

后来，清代学者高雪君在康熙年间作《易经来注图解》时，又补了一张来知德的《太极图》。来知德的太极图已经穷尽了"天地万物之理"，但他并未满足于此，而是继续钻研并在太极图的基础上创作出一系列易图，用以说明伏羲八卦方位、文王八卦方位、一年气象、一日气象、天地形象、帝王兴衰等等，李申先生均将之视为来氏太极图的子图（见图69—74）。

正是在来知德创新改造阴阳鱼太极图，积极发挥其阴阳动静消长的基本理念，用以诠释宇宙万物发展变化的过程中，阴阳鱼太极图的内涵得到了深度发掘和系统丰富。

来知德太极图的中心为一圆，而阴阳两仪据此有逆转之态。若将开心太极球仿此围绕中心旋转，似有异曲同工之妙。

第三，在易学文化融通三教的发展趋势中，阴阳鱼

图 69　来知德《伏羲八卦方位图》
（载于明代来知德《易经来注图解》）

图 70　来知德《文王八卦方位图》
（载于明代来知德《易经来注图解》）

图 71　来知德《一年气象图》
（载于明代来知德《易经来注图解》）

图 72　来知德《一日气象图》
（载于明代来知德《易经来注图解》）

太极图后来也被用以描绘内丹修炼的功夫，从而具有了丰富的道家、道教内涵。

内丹理论首先将八卦对应到人身不同部位，其中乾卦是头部，坤卦是腹部，头部以下有心脏，心为火属于离卦，是人体气之总汇，腹部以下有肾脏，肾为水属于坎卦，是人体精所藏之所。按照五行之性，火性炎上，水性润下，也就是"数往者，顺也"，这是人自生命以来所具有的本真自然状态，如果加以修炼，以头腹之处的乾坤为炉鼎，以心肾之处的离坎为汞铅，做到火不炎上而下降、水不润下而上升，就实现了"知来者，逆也"。水、火皆违其性而逆向发展，水、火分别为坎离，坎离又代表日月，日月合二为一便是易，这也就是"易，逆数也"。

如果结合"先天八卦方位"到"后天八卦方位"的转变，也能发现其中蕴含着更为精深的内丹修炼理论。离卦在后天八卦的方位中居于南方，而在先天方位中居于东方，也就是移火于木位，即"东三南二同成五"离卦居东。同理，坎在后天居于北方，而在先天居于西方，也就是移水于金位，是"北一西将四共之"。先天八卦方位中，乾南而坤北，同样的位置在后天方位中分别对应离卦和坎卦，所以是抽坎之中实以填离之中虚，而成"金丹三家相见，结婴儿也"。巽卦为长女而居后天西南坤位，是以长女合老阴，也就是"黄婆"。艮卦为少男居后天西北乾位，是以少男合老阳，也就是"筑基"。兑卦为少女居后天东南巽位，是以少女合长女，而且隐喻三七于其中，是为"鼎器"。震卦为长男而居后天东北艮位，是以长男合少男，同时隐喻二八于其中，是为"药物"。就阴阳二气的消长而言，震卦一阳生于东北，经离卦、兑二卦而阳气渐长，及至乾卦为极盛，属于阳息阴消之月象，对应月历上即是初三、初八、十五，为望前三候；巽卦一阴生于西南，经坎、艮二卦而阴气渐长，及至坤卦为极盛，属于阳消阴息之月象，对应月历上即是十六、二十三、三十。总而言之，八卦方位从后天到先天的转变，对应了内丹修炼中自"后天"向"先天"的返还，"五行顺行，法界火坑；五行颠倒，大地七宝"，"顺则生人逆则仙"。可见，看似普通的阴阳鱼太极图其实蕴含着丰富的内丹修炼理论。

第四，及至近现代学者们纷纷致力于以现代哲学理论视角进行研究，阴阳鱼太极图则被赋予了博大精深的哲学内涵。对立统一规律亦称矛盾规律，是马克思主义哲学体系中唯物辩证法的实质与核心。矛盾规律的基本内涵之同一性与斗争性，与太极文化之阴阳所固有的属性是相通相似的。概括而言，太极图至少蕴藏以下几种主要哲学理论：

1. 一元论：太极圆代表着宇宙的原初是浑沌的一体，世界上万事万物都起始于这个"一"，也都存在于有机的一体中。

2. 二元论：两仪代表着宇宙是由物质与暗物质构成，物理世界与心理世界上的万事万物都由阴阳两部分对称并存和发展的。

3. 变化论：在一分为二与和二为一，至大无边与至小无内的变化中，世界上的万事万物都在不停地进行着相对静止的量变，而量变到一定程度霍然而然地就会发生质变。

4. 对立统一规律：阴与阳作为矛盾的双方，既对立又统一，既相互依存、相互贯通，又相互排斥、相互否定。和谐发展，互生共进；对立冲突，互损共灭。

5.对称平衡规律：构成太极图的阴阳两部分是在一条优美的曲线分割中，是对称平衡的。在一个矛盾的对立体中，维持阴阳对称平衡是事物稳定发展的基础，追求阴阳的对称平衡是事物和谐发展的目标。

6.否定之否定规律：太极文化中的阴阳是阴中有阳，阳中有阴。万事万物都是肯定方面和否定方面的统一，而且肯定中存在否定，否定中存在肯定。肯定阶段、否定阶段，否定之否定阶段即开始新的肯定阶段，反映了事物发展道路的曲折性和上升性。

7.时空中的唯一性：人们不能同一时间踏入两条河流，也不能不同时间踏入同一河流。你在一定时空中的存在是唯一的，同一时空下你的存在也是唯一的。"一再出现，但又永远没有两次完全相同的可以看得见的循环"。瞬间的确定性是不确定的基础，延续的不确定性是确定的永恒。

太极图作为以易学文化为核心的中华传统文化的载体和图示，在演变过程中充分体现出儒道互补、综合百家乃至融通三教的发展趋势，是中国古人认识宇宙万物以及人类社会的模型化表述，一定层面上展示了中华文化的本体意识、认知方法、思维方式、人文精神和价值取向。依照现代学科体系的划分而言，太极图可以说是中国传统哲学、传统自然科学与生命科学的典型代表。尤其是阴阳鱼太极图，不仅在视觉效果上给人优雅从容的观感体验，而且以图像的形式表现了道器不分、有无不二，太极与两仪四象八卦混而为一的思想，括尽了道器、有无、太极与两仪四象八卦等一切道理，完美地融合了自古以来太极、阴阳方面的哲学思考，清晰明了地诠释了太极、两仪、五行、八卦之间的关系，同时还浓缩了道家道教内丹修炼功法理论的精华。总而言之，阴阳鱼太极图兼具了优雅的外观和丰富的内涵，是对中华智慧最精炼的概括和最完美的体现，是中华优秀传统文化的缩影和标志。

# 下　编

# 开心太极球的生成和释解

## 第一节 开心太极球的理论基础

太极是以阴阳为核心的一种哲学理念，而开心太极是在此基础上进一步延伸发展出的具有多维特性的迭代理论，而这个迭代理论是以儒家、道家一脉相承的思想作为母体孕育而来。

20 世纪 20 年代，著名学者王国维先生在其《最近二三十年中中国新发见之学问》的演讲中曾说："古来新学问起，大都由于新发见。"出土易学文献目前已经成为中国易学史、中国学术思想史研究领域的重要材料，相关的研究成果也十分丰富。坚持王国维所提倡的"二重证据法"，将地下之新材料与传世之古文献相互印证，易学研究的新发现为开心太极球奠定了扎实的理论基础。

20 世纪易学研究的新发现，乃是一大批具有重要学术价值的出土易学文献的出现，其中重要的有敦煌卷子本《周易》、马王堆帛书本《周易》、阜阳汉简《周易》、上海博物馆藏战国楚竹书《周易》。随着这些文献的公之于世，许多易学研究者又开始了出土易学文献的研究并将其与传世文献相互释证。

1900 年，在甘肃敦煌莫高窟第 17 号藏经洞出土了 5 万多卷南北朝至宋初的珍贵文献，内有经籍写卷 300 多件，其中《周易》共有 23 号写卷，可分为三类：王弼《周易注》，共 20 号写卷，缀合成 9 件，基本上是唐写本，其中有些是唐前期的抄本。孔颖达《周易正义》，存 1 号写卷，是今存唯一的唐五代时期的单疏本。陆德明《周易释文》，存 2 号写卷，缀合成 1 件，抄写于唐玄宗开元年间。由于在辑佚、校勘、版本和文字、训诂等方面的重要价值，这些文献出土后就一直为学术界所重视。刘师培、罗振玉、马叙伦和王重民等先生为之校勘，撰写序跋、提要，后又有台湾学者陈铁凡、黄彰健、林平和、黄忠天等先生做过认真研究。近年来，作为总结性的成果，许建平先生《敦煌经籍叙录》、张涌泉先生主编《敦煌经部文献合集》相继由中华书局于2006年、2008年推出，对相关的整理和研究工作大有裨益。

1973年湖南长沙马王堆3号汉墓出土了汉文帝12年（前168年）时的大批帛书与竹木简。帛书《周易》为隶书，写在整幅帛上，其内容与今传本、与《汉志》所载均有出入。帛书《周易》包括如下内容：《周易》六十四卦，即《易经》部分。存93行，约4900余字。与传世以及各家称引的今文、古文、王弼本等各本相比，不仅卦名不同，而且卦序、卦辞、爻辞也有差异，可称别本《周易》《易传》。首先是《系辞》，今本《系辞》内容除见于《要》篇者外，大部分包含在内，但章节次序和文句有所不同；另外还包括今本《说卦》的第3节。《周易》六十四卦卷后有佚书5篇。本有篇题的3篇为《要》《缪和》《昭力》。第1篇顶端涂有墨丁，以"二三子问"开头，所以根据先秦古书定名的惯例，称为《二三子问》；另有1篇很多先生认为是《系辞》下篇。关于帛书《周易》的研究，前贤和时哲多有考辨、校释之成果，如张政烺（《马王堆帛书〈周易〉经传校读》《张政烺论易丛稿》）、严灵峰（《马王堆帛书易经斠理》）、李学勤（《周易溯源》）、张立文（《帛书〈周易〉注译》）、邓球柏（《帛书周易校释》）、连劭名（《帛书〈周易〉疏证》）、廖名春（《帛书〈周易〉论集》）、邢文（《帛书周易研究》）、王化平（《帛书〈易传〉研究》）等先生的著述。

1977 年发掘的安徽阜阳双古堆 1 号墓出土的汉简中有《周易》，现存 3119 字，其中属于经文部分的 1110 字，包括 5 个卦画、卦名、爻题、卦辞、爻辞等内容；另有今本《易》没有的卜辞 2009 字。对阜阳汉简《周易》的整理和研究，以韩自强先生《阜阳汉简〈周易〉研究》（上海古籍出版社 2004 年版）最有代表性、最为权威。此外，台湾学者黄儒宣先生的《阜阳汉简〈周易〉卜辞试探》（《周易研究》2008 年第 5 期）一文，对《周易》卦、爻辞之后的具体卜问事项之辞进行了研究，可视为近年来研究的新成果。

上海博物馆藏战国楚竹书中更有迄今为止所有《周易》版本中最古老、最原始的一种版本，也是记载比较可靠的一个版本，和现在的传世本有相异之处，如其中有一些今本根本未曾见的黑色、红色符号，这些符号都有其特定的意义。在 2004 年出版的《上海博物馆藏战国楚竹书》（三）里，有简文 4 篇，首篇即为《周易》。其存 58 简，涉及 34 卦之内容，共计 1806 字。相关的研究，以马承源先生《上海博物馆藏战国楚竹书》（三）、濮茅左先生《楚竹书〈周易〉研究——兼述先秦两汉出土与传世易学文献资料》、丁四新先生《楚竹简与汉帛书〈周易〉校注》最有代表性。此外，张崇礼先生《上博简〈周易〉字词札记三则》（《周易研究》2008 年第 2 期），谢向荣先生的《上博简〈周易〉断占辞相异问题管窥》（《周易研究》2009 年第 3 期），王晶、胡海琼先生的《释上博简三〈周易〉遁卦之"遁"》（《汉字文化》2010 年第 4 期）等一系列论文的出现，也使得上博简《周易》的研究持续走向深入，而日本学者池田知久先生监修的《上海博楚简〈周易〉译注》（见《上海博楚简の研究》1—

6 册，日本大东文化大学上海博楚简研究班 2007—2012 年，日文）更是反映了当今学术界最新的研究状况。

以上三种出土易学典籍，已经引起海内外学术界的高度关注，成为易学研究的热门课题。除了上述著作，也还有将三种或两种文献加以综合考辨、研究的成果推出，如吴新楚先生《〈周易〉异文校证》、赵建伟先生《出土简帛〈周易〉疏证》、刘大钧先生《今、帛、竹书〈周易〉综考》、廖名春先生《〈周易〉经传与易学史续论：出土简帛与传世文献的互证》等。另外，关于 1993 年湖北江陵王家台秦墓出土的竹简《归藏》，学术界也多有探索，认为一直被认为亡佚的《归藏》今又重见天日，这不能不说是对《易》研究的一大促进，也是对太极文化的丰富。

据考古发掘材料，点旋转工具的制造和使用起自旧石器时代。考古发掘也出土有旧石器时代用点旋转工具制作的生产工具、兽皮衣物和装饰工艺品等。旧石器时代先民既然开始了加工制造和使用点旋转工具，这说明他们对物体的点旋转运动有了有意识、自觉的认识，我们可将之视为是史前人对事物圆道循环运动认识的起始。

　　考古发现的"太极纹"出现在屈家岭文化晚期，盛行于石家河文化早期阶段，且仅出现在彩绘陶纺轮上。在江汉平原地区众多属于屈家岭文化和石家河文化早期的史前文化遗址中发现了数量不菲的陶纺轮，其中的彩绘陶纺轮占比较高且饰有丰富的彩绘纹，如条带纹、四分直线纹、麻点纹、弧线旋纹、扇面纹、风车纹、同心圆纹和"太极纹"等，尤以"太极纹"最具特色。石家河遗址群集中发现的"太极纹"应是中国境内考古发现时代最早的史前太极纹饰，这一纹饰是石家河先民原始"阴阳"观念的形象化表现形式。对"太极纹"的深入考察和探究，对我们弄清原始"阴阳"观念的最初状态和形成过程，探讨中国土生土长的道文化的来龙去脉具有重要的学术价值。屈家岭文化晚期遗址考古发现彩绘陶纺轮上的纹样主要也是旋纹和风车纹，其具体样式非常丰富，不仅有内旋、外旋，还有各种切分成不同等分的旋转弧线，从三旋至五旋都有。还有仰韶文化庙底沟类型阳鸟飞翔纹、马家窑文化变体双鸟纹、大汶口文化鸟纹、太阳纹、河姆渡文化双鸟与太阳连体纹、良渚文化鸟与太阳复合纹、历史时代的"金乌"纹等，都呈现出阴阳相负相生的最初形态。

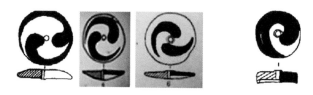

图73　石家河文化早期A型"太极纹"

图74　石家河文化早期B型"太极纹"

1995年四川绵阳出土西汉木胎漆盘是太极八卦盘，其纹饰内涵包括老子太极图、八卦六十四卦生成序、河图洛书、十月太阳历、阴阳合历、二十八宿、干支、节气、大衍数等几乎所有中国古代天文历法和《周易》数理。木胎漆盘的出土和识读对易学史、中国文化史研究具有重要意义。

图75　石家河文化早期C型"太极纹"

　　开心太极是以新石器时期以来阴阳和合的传统优秀文化作为底蕴，将周敦颐太极图第一层象征"无极而太极"和第五层"生化万物"的两个空心圈进行叠加，同时借鉴杨甲《太极图》中"气"和"太极"两层构成的核心部分，以及吸收阴阳鱼太极图最完美、最精炼的表现形式，将三者再次高度凝练抽象而成。在周敦颐太极图中，"无极"和"太极"同时存在，"无极"是

图76　屈家岭文化晚期"太极纹（旋纹）"

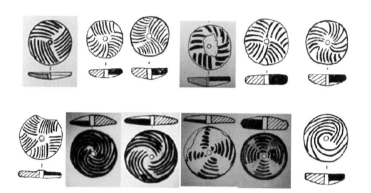

图77 屈家岭文化彩绘陶纺轮上各式各样的旋纹

道体无声无息、无形无体的状态,"太极"则是道体的存有、实有表现。"太极""无极"相存互有构成了具有宇宙观和哲学观丰富内涵的开心太极的独特理论核心。

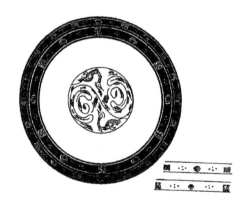

图78 西汉木胎漆盘

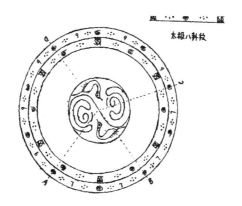

图 79　西汉木胎漆盘示意图

《道德经》有言："无名，万物之始也；有名，万物之母也。故恒无欲也，以观其妙；恒有欲也，以观其所徼。两者同出而异名，玄之又玄，众妙之门。"在我们的开心太极球当中，"无"可理解为中心的"空"，"有"可理解为球的实体，"玄"可以理解为 S 形负空间。我们通过空心圆和实体球在时空中的相生相依、互通互融的变化过程，从微观和宏观的角度加以探究，认为这正是两者同出而异名的表现。

从物理形制而言，三维立体化的太极球是二维平面存在的两个圆之间的流变曲面相互交叉形成的客观形态。简言之，太极球是太极图由二维平面到三维立体的维度递升。阴阳内侧流变曲面相互交叉形成了包含"空心圆"在内的 S 形负空间，即构成了立体化的太极弦。无极、太极、两仪、四象被更为具象地统一展现在立体球之上，最终实现道器合一的境界和追求，因此，我们称之为开心太极球（见图80、图81）。

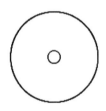

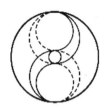
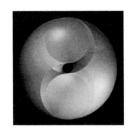

图 80 开心太极球推演示意图　　图 81　开心太极球立体结构图

太极孕育了太极文化，生成了太极图，在太极图的演变发展过程中，不断丰富了太极的文化。开心太极蕴藏着深邃的开心太极文化，由此生成的开心太极球在未来的传承发展中，也将不断形成更为丰富广博的开心太极文化。

## 第二节　开心太极球的道与器

《周易·系辞上传》有云：

> 形而上者谓之道，形而下者谓之器，化而裁之谓之变；推而行之谓之通，举而措之天下之民，谓之事业。
>
> **译文**：形而上的叫作道，形体以下的叫作器，转化而成万物的叫作变；推而实行的对的叫作通，选用好的措施给予天下百姓，称之为事业。

上文提出了一组相对的概念：道与器，两者的分界线是"形"。道是没有形体的，所以难以被理解，而器物是有形的，是可以认识的。《周易》讲求的就是如何将道器合一，由道能够见器，由器又可反推诸道。《系辞》中认为，要实现道与器的结合和实际运用需要遵循易经的主旨——变，变则通，通则有利于天下，所以易经处处体现道器结合的要旨。

"太极"与"太极图"亦是道器之间的关系。太极之道无形，于是人用语言去形容它，但是"书不尽言，言不尽意"❶，图像成为比较好的方法来解释大道的含义，于是各式各样的"太极图"应运而生。

"太极图"定型于宋，宋代又是理学发展的时期，《周易》作为群经之首，自然是儒道甚至佛家研习的重点。随着《周易》义理越来越丰富与完善，言《易》的形式也逐渐多样化，以图言易的方式逐渐出现，其优点也日益显现。所谓"凡益之道，与时偕行"❷，"太极图"

---

❶ （三国魏）王弼、（晋）韩康伯注，（唐）孔颖达等正义：《周易正义》，（清）阮元校刻《十三经注疏》，中华书局 1980 年影印本，第 170 页。

❷ （三国魏）王弼、（晋）韩康伯注，（唐）孔颖达等正义：《周易正义》，（清）阮元校刻《十三经注疏》，中华书局 1980 年影印本，第 109 页。

的演变发展体现出人们对"太极"的认识随着时间的推移而不断加深，尤其由文字向图形的转变是《周易》言"变"的重要体现，图形本身更是体现了《周易》乃至整个中国文化讲求和谐、圆融的宗旨。

太极初见于《庄子》，后见于《易传》，其精髓和具体观念成熟于《周易》。在悠久的历史长河中，太极文化成为历史发展的不竭动力，而且也逐渐融入了黎民百姓的生活之中。太极文化不仅是我们了解宇宙和古人思想的一个载体，也是衡量现代社会发展的一个尺度，微观上可以影响到一个人的观念形成和生活方式，宏观上可以为世界的可持续发展提供可靠的观念输出，就像太极图所表现的，一阴一阳谓之道，二者的和谐统一才能在不断的变化中保持一种平衡的状态。

太极在古代的地位是神圣的，不仅可以占卜吉凶、观察星宿移动，也可以用作军事战术、升华人的思想。自古以来，人们已经认识到了太极本身的魅力所在，并创造出很多有趣的太极"衍生品"。尤其以太极为核心元素的器物在古典小说中屡见不鲜，最为经典的是《封神演义》《西游记》中有着数不清的宝物，如紫金红葫芦、阴阳二气瓶、芭蕉扇等，都是有着阴阳变化的内涵的器物，并被作者加入了神话色彩，甚至很多时候，这些器物的魅力，要胜过故事本身。

翻检古籍中的各种阴阳鱼太极图，可以发现其黑白之间的 S 形曲线，是近似螺旋形的不规则曲线，李申的著作中对之进行了手绘，（见图 82）这可以称之为传统画法的阴阳鱼太极图。

近现代以来，随着作图工具的改善和时人对美观的追求，逐渐演变出更为简约的流行画法（见图 83）：

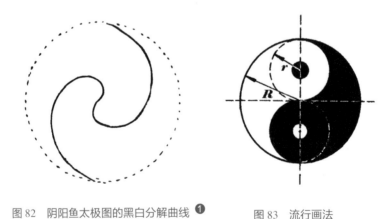

图 82　阴阳鱼太极图的黑白分解曲线 ❶　　　　图 83　流行画法

---

❶ 李申：《易图考》，中央编译出版社 2018 年版，第 115 页。

　　先在一张纸上画个十字，以十字交叉点为圆心、R
为半径画个圆；将半径 R 等分，以等分点为圆心、r ＝
R/2 为半径画两个内接半圆；再以这两个等分点为圆心、
画两个任意大小的小圆，备画阴阳鱼眼。两个半圆合成
曲线将大圆分成相等的两半，将其中一半涂黑，并将涂
黑的半块的小圆空出，而将另一个小圆涂黑。

　　可以说，这种基于现代学科知识和现代人审美习惯
的画法，是历史悠久的阴阳鱼太极图在当代社会的创造
性转化和创新性发展，对于传播太极和太极文化具有积
极的促进作用，也为开心太极球的生成提供了重要的灵
感和启发，进而对传统二维平面太极图再次进行了创造
性转化和创新性发展。

　　北宋大儒程颢说过："器亦道，道亦器。" ❶ 因此，
太极图就是太极。从"器"的角度来看，太极图中有
互纠阴阳鱼构成一个正圆，外围有八卦。从"道"的
角度来看，阴阳鱼合抱而成正圆象征太极，两条阴阳

---

❶ （宋）程颢、程颐：《河南程氏遗书》（卷一），《二程集》，中华书
　　局 1981 年版，第 4 页。

鱼一黑一白，即"一阴一阳谓之道"❶，两条阴阳鱼之眼又是一黑一白，象征阳中有阴，阴中有阳；其次，乾卦三爻都是阳爻，所以对应"阴阳鱼"的"鱼头"，即白色最多的部分，随着卦象中阴爻的增多，其所对应的"阴阳鱼"越接近"鱼尾"，反之亦然。从中又可以观察到阴阳消长，此消彼长，阴阳相互之间和谐共处，体现了中国文化最精粹的内容——和。

整个图式虽然看似简单，其中却蕴含着丰富的《易》理，符合"易简"之道。《系辞上传》曰："广大配天地，变通配四时，阴阳之义配日月，易简之善配至德。"❷这就是太极图最精髓之处，它用最简单的圆形图案表达了最深刻的哲学内涵。先人们在仰观于天、俯察于地、近取诸身、远取诸物之中，不断地感悟和创生着物象，在

---

❶ （三国魏）王弼、（晋）韩康伯注，（唐）孔颖达等正义：《周易正义》，（清）阮元校刻《十三经注疏》，中华书局 1980 年影印本，第 161 页。

❷ （三国魏）王弼、（晋）韩康伯注，（唐）孔颖达等正义：《周易正义》，（清）阮元校刻《十三经注疏》，中华书局 1980 年影印本，第 163 页。

立象尽意、度象观道、以类万物、以穷万事之中，不断地生发与增长着智慧。

太极图在这样深厚的底蕴中应运而生，它以圆为边，通过黑白两眼，均衡、对称地构成了一个"和谐"的大圆。它是阴阳中和的美，白色代表阳刚，黑色隐喻阴柔，阳刚与阴柔相依相携、相交相融，构成了互生互动的"中和"之美。它是动静相宜的美，阴阳二仪似在一个大圆中永恒旋转，但旋转中又保持着一种宁静，这是一种典型的动与静的和谐之美。它是一种不可言传的美，S曲线是一条"恰到好处"美得不能再美的曲线。而这条曲线可能属于或不属于阴或者是阳，但却是不可或缺的、难以言表的意境之美。因此，不论是在中和之儒、阴阳之道、圆满之佛中均有深刻的体现，可以说太极图是中华优秀传统文化最有代表性的标志之一，以太极图为核心的太极文化也成为中华优秀传统文化的重要组成部分。

太极圆形思维和形制是太极文化最基本的特征之一。中国人好以"圆"为审美标准。钱钟书说："盖自六朝以还，谈艺者于'圆'字已闻之耳熟而言之口滑矣。""圆"是一个奇妙的图形，无论从哪里开始，终点总是回到它的起点上。圆的周边到心的距离总是那么长，从不会有任何的偏差。在自然界中，太阳、月亮、地球以及宇宙中的每一颗星球都是圆的，组成物质的原子，组成生命体的细胞也是圆的，电场、磁场、生物场以及各种波也都是以圆形构成。古希腊毕达哥拉斯学派认为，一切平面图形中最美的是圆形，一切立体图形中最美的是球形。公元前 4 世纪，柏拉图经过研究认为，宇宙中最完美的形式是球形。在我国，圆则是一种精神的追求，是圆满、和谐的象征，中国文化也无处不充斥着圆通、圆融、圆满之意。可以说，圆既是一种客观实体，也是一种精神载体。

球体，作为立体的圆形，乃是由无数个圆组成，不管从哪个角度上看它都是一样的圆。球不动则已，一动就是圆动。物体在相同表面积下，球体体积是最大的；物体在相同体积下，球体表面积是最小的。球的面积最小、体积最大，说明了球体特殊的形状具有相当的内在张力，是圆形之美的极致体现。各种宗教、文化亦喜爱用球体来表现其思想内涵。在道教中，念珠（亦称"流珠"）作为法器，有其特殊的宗教意义，《太玄金锁流珠引》云："昼夜斗转，周天无穷，如水流之不绝，星圆如珠，故曰流珠也。"可见道教将念珠视作蕴含天地奥秘的化身，清初《历代神仙通鉴》记载元始天尊左手拈一"圆珠"，亦是此意；佛教的佛珠，本意是"弗诛"，即不要杀戮，且每一颗佛珠都有一个贯通的心洞，是"菩提心"的具象化体现，内藏圆满之意蕴；儒家五经之一的《尚书·顾命》亦提到周康王即位时从周成王处继承的国宝中有"天球"，即以美玉雕琢而成的玉球。不论中外古今，抑或中国本土的儒道二教和外来的佛教都对球体的造型情有独钟，可见球形是思想的完美载体，小包含丰富的审美价值。

《系辞下传》曰："日往则月来，月往则日来，日月相推而明生焉。寒往则暑来，暑往则寒来，寒暑相推而岁生焉。"《乾卦》象辞说："终日乾乾，反复道也。"《泰

卦》象辞说 :"无往不复 , 天地际也。"《复卦》象辞说 :"复
见其天地之心乎 ?"《乾卦》象辞曰 :"大明终始。"《蛊卦》
象辞曰 :"先甲三日 , 后甲三日 , 终则有始 , 天行也。"《恒
卦》象辞曰"天地之道"是"终则有始也"。《说卦传》
曰 :"艮 , 东北之卦也 , 万物之所成终而所成始也。""复"
之义谓物体在同一运动轨道上的不断重复。"终始"谓
物体运动的终点就是始点 , 始点就是终点 , 首尾相接 ,
重复循环。据考古发掘材料 , 较点锥钻大的平圆面旋
转工具及使用技术始自新石器时代。由于圆转工具
及其技术对生产生活的功利性 , 新石器时代的纹饰
反映出时人对自然物体和自然现象圆转观察表现出
极大兴趣。圆是宇宙存在与运行的规律 , 是人类社
会繁衍与发展的规律 , 是万事万物生灭不息的规律。
古人对天地间极大至极小的事物是圆道循环律的认识
过程 ; 依据对太阳圆道循环周期显现的二分而创制的
太阳历抽象为圆道循环周期显现二分律的过程。"太
极"哲学概念最终是形成于将人事效法圆道循环周期
律的八卦意蕴。因为一旦将人事变化效法圆道循环周

期律的八卦意蕴，这就由圆道之象自然科学认识的基础上升到圆道哲学的境界，圆道循环周期律的八卦意蕴也就成为关于自然运动和人事变化总规律的思维方式了。

圆是宇宙存在与运行的规律，是人类社会繁衍与发展的规律，是万事万物生灭不息的规律。因此，我们尝试着让太极图变成太极球，尝试着设计制作一个最简单、最完美、最富有内涵和外延的立体模型，让太极文化得以弘扬和光大，就成了这个时代一群人的使命。

但不得不承认的是，这些终究是停留在神话传说和影视屏幕上的器物，如今的太极文化更需要的是一些现代文化的表达和宣传，正如太极的阴阳，不断发展不断融合才是太极文化能得以传承的真谛。为推动太极文化的创造性转化和创新性发展，开心太极研究团队历经10 年的探索，通过对孕育于太极文化中的具有多维特性的开心太极迭代理论，生成了立体中空开心太极球（见图 84）。

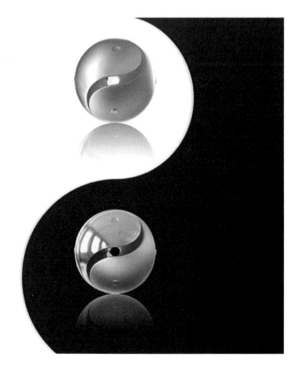

图 84　开心太极球礼器之呈现

　　为将开心太极迭代理论付诸实践，开心太极研究团队开创性地使用了流变曲面空间立体交叉技术，展现出阴阳双鱼在空间中立体交叉的独特空间构造，发挥了对太极精神的独到运用。

　　流变曲面空间立体交叉，是指空间中两个独立的面，受到力的作用产生变形、流动，最终形成复杂变化的曲面，并且这两个曲面在空间中的位置关系是独立交叉的（见图 85—86）。

图 85　流变曲面空间立体交叉图

图 86　流变曲面内壁立体展示图

流变曲面空间立体交叉技术以其独特的空间立体交叉表现阴阳交合、天人合一；以其婉转流动的曲线表现"易"、表现"有形生于无形"；以其中空的太极心表现"无"，与实在交合的阴阳双鱼所表现的"有"共同形成"有无相生"的太极精神（见图 87）。

开心太极球正视图　　　　　开心太极球俯视图　　　　　开心太极球侧视图

图 87　开心太极球三视图

总体而言，开心太极球利用流变曲面空间立体交叉技术，由开心太极迭代理论生成中空正圆的太极球，其核心优势在于：

1. 平面变为立体，在继承了太极图简约、圆润、对称、均衡的传统风格的基础上将其立体化，使得太极球更符合自然界的规律，并具有更强的观赏性，更好的实用性。

2. S 曲线变为 S 曲面，"球面 S 形对称双曲线"与"流变双曲面空间立体交叉"的生成与展现，让太极球的空间立体感更具灵动性，并且使得在各角度观察的内涵更为丰富。

3. 两仪、四象更加直观，太阴、太阳、少阴、少阳对应于阴阳体上四个阴阳眼，不仅准确厘定了两仪中四象的位置，而且也很好地体现了四象变化的规律性。

4.太极球中蕴含的哲学思想更丰富，阴阳、虚实、开合等哲学思想有了具象化的表现，并进而引发对未知科学的思考。

5.中空正圆太极心增加了太极球的灵动性与想象力，流变曲面空间立体交叉形成贯穿球心的光眼，与球面上四个眼相呼应，也预示着"无"的奥秘。

开心太极球以"球"的方式力图展现中国太极文化、中国传统文化的渊博与深奥。太极图的立体化将太极的无限可能表现得淋漓尽致，球体内部中空，是太极演化的动力之源，亦是"生生之谓易" ❶ 的展现；太极球不停运转中，即是动，但始终围绕着轴心，又是一种静，一动一静既是阳与阴的特性，亦表现了"两仪生四象"；两个阴阳眼则是点睛之作，象征阳中有阴，阴中有阳，阴阳相互包含、相互影响、化生万物，事物之间的和谐

---

❶ （三国魏）王弼、（晋）韩康伯注，（唐）孔颖达等正义：《周易正义》，（清）阮元校刻《十三经注疏》，中华书局 1980 年影印本，第 162 页。

共处。太极球作为太极概念的立体呈现，充分展示了太极所代表的事物发展的潜在可能，象征着一种生生不息的力量和追求和谐的精神向往。

器物也是太极文化的一部分，太极的本质思想其实非常简单，"平衡、发展、明理"就是太极最主要的思想，平衡自身、有序发展、明白世界的原理和生活的道理。所以器物也好、精神也好，这种文化的内涵带给我们的启示永远都是有用的，是能让人受益终生的。

《周易·系辞上传》有云："形而上者谓之道，形而下者谓之器。"自古以来，"器以载道"就是器与道之间关系的集中体现，也是中国传统文化对造物境界的追求，即将思想和理念融入具体器物之中。开心太极球，将博大精深的太极精神造型化、器物化，具有深刻的内涵、独一无二的造型、精湛的工艺、时尚的外表以及专利的优势，不仅是器以载道、器以显道的典范，更是道器合一的统一体。

## 第三节　开心太极球的释解

文化由人而起，为人而用，服务社会，造福人民。优秀传统文化，在传承与创新中，要感国运之变化，立时代之潮头，发时代之先声，为人民和祖国而鼓与呼。同时，还要让亿万百姓喜闻乐见，走心爽口，融入生活。开心太极文化，充分展现了技术与艺术，历史与生活，经典与时尚，物质与精神的内涵。在开心太极球的感悟中，每一个人对太极文化感知的深度和广度，在不同的时间或情境下都会有所不同，而正是这种差异也构成了它的广泛性与大众性。相信，开心太极文化不仅能够开启太极文化21世纪的新境界，也必将为后人留下属于这个时代的太极文化遗产。

开心太极球以源远流长的太极文化作为母体，以言简义丰的太极图作为范式，是一个具有发明专利的器物 ❶，

---

❶ 中华人民共和国国家知识产权局，外观专利号：ZL201330524542.5；实用新型专利号：ZL20132068866.7；发明专利号：ZL201410040435.9。

体现了道以器载，器以显道，是道器合一的完美典范。在深入剖析探讨开心太极球的文化寓意前，我们有必要对为何称之为"开心太极球"做简要说明。

首先，从形制上而言，得益于流变曲面空间立体交叉技术，开心太极球成为中空正圆的太极球，带来独特空间构造和特殊光感效应。球体正中自然形成的中空正圆，可以理解为物理形制层面上的"开心"。

其次，从内涵上来说，阴阳两个内曲面空间交叉形成的空灵之心，"玄之又玄"，也是"众妙之门"，是开悟心性、启迪心智的重要契机。"万物静观皆自得"，静观，并不只是眼睛看，此中深意在于静思默察。由感受想到发展变化，到深化认识，直到觉悟获取灵性和智慧，也就是慧观智觉，明于察照的观照过程，即"定生慧"的过程。也就是说，开心太极球能够产生心性、心智上的收获，是一种精神升华的过程和境界，这与我国传统儒释道文化中儒家的圣心、道家的法心、佛家的斋心一脉相承。

开心太极球将平面太极图立体化，并以阴阳两部分内侧之流变曲面立体交叉形成中空之形态，不仅广泛吸收了太极与古太极图的基本理念，还结合社会主流价值体系、最新的自然科学及社会科学研究成果和现代审美理念，对太极文化在价值观、科学、美学、哲学等方面进行了创造性的革新，既体现了经典的简约美，也展现了时尚的灵动美；既迸发了迷人的视觉美，也舒展了诱人的内涵美。开心太极文化，通过开心太极球的艺术呈现，带给人们的不仅是美学的思考，也包括哲学的思考（见图 88）。

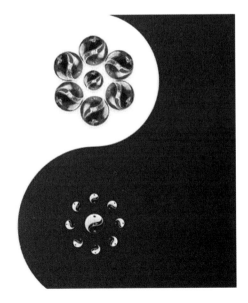

图 88　开心太极球之星系的艺术呈现

第一，开心太极球蕴含着对人类的思考。

地球因何而来，向何而去？人类由何而生，向何而往？我们一直在思索的很多问题的确难以一言蔽之。但我们非常清楚，地球是人类唯一的家园，人类把地球亲切地称为母亲。在大地母亲的哺育下，人类在繁衍与延续中，积淀了文化、发展了文明。在人们仰天俯地的洞察中，在人们日出而作与日落而息的生活里，自然界的规律被逐渐地认知，先进的科技被不断地发明。社会前进的步伐越来越快，人们生活的质量越来越高，人们内心的希望也越来越大。凝神静气，仔细审视，历久弥新的开心太极文化以及简约精炼的开心太极球，都蕴含着对于人类生存本体及环境的思考。

地球是一个体积相对固定的球体，阳性的山体与阴性的水体有着大致相同的垂直长度，就是我们俗语上讲的，山有多高、水有多深。更为神奇的是，被陆地包围的北冰洋水面积，与水面环绕的南极洲大陆面积，又是非常的相近。地球绕着太阳公转，又依着地轴自转，不停地圆动生化着地球的文明。我们赖以生存的地球，活生生的就像是一个阴阳相生、阴中有阳、阳中有阴的立体太极球。在一个球体上，原本无东西之分。但人们为了厘定相对区域位置、阐述特定社会环境，便人为地划分出了东西方及其文化。东方与西方的人群生活在同一个地球上，就像开心太极球所蕴含的道理一样，本来就是一个不可分割、相生互存的共同体。橘生淮南则为橘，橘生淮北则为枳，一方水土养育一方人。东西方文化存在着差异，但不存在优劣，更不应存在对抗。东西方文化之间永远是相互依存、相互包容的，同时也应该是相互促进、相互转化的。和而不同，是包容下的发展；不同而和，是斗争中的升华。东西方在生存与发展的竞和中命运与共，一起书写着人类的文明。

"大哉乾元，万物资始"；"至哉坤元，万物资生"；"乾道成男，坤道成女"；"男女构精，万物化生"。在太极文化的架构中，两性相互抱持、相互依存、相互交融、相互旋动，就是人类得以存在并延续的根基，这点在开心太极球上体现得更为明显。人生的动力，是对美好生活的向往和追求。美好的生活一定是物质上的丰富和精神上的愉悦，物质为实为阳，精神为虚为阴。美好生活的愿景，需要脚踏实地的奋斗，愿景为虚为阴，奋斗为实为阳。人生一世，太极一生，人生所有的起伏得失，就是一个律动的开心太极球。

当今世界正处在"百年未有之大变局"，东西方政治、经济、文化未来之发展，充满着复杂性与多变性。而人类只有一个地球，各国共处一个世界，"人类命运共同体"与和平发展、合作共赢的中国方案，必将成为未来世界发展的主旋律。东方与西方共同组构并存在一个地球的大圆中，和而不同，不同而和，各美其美，美美与共。这恰恰也是开心太极球所蕴含的太极文化中阴阳互生互存、互根互用、相携以进、和合而圆的核心要义。

第二，开心太极球蕴含着对哲学的思考。

哲学就是"爱智慧"，我国古典文献《尔雅》亦有"哲，智也"的说法。《周易》是群经之首，大道之源，其中蕴含着丰富的哲理和智慧。作为《周易》的思想精粹，"太极"更是整部《易经》中最富有哲理的表达。

　　思维和存在是哲学的最基本问题，何者为本原是区分唯物主义和唯心主义的唯一标准，是否具有同一性是区分可知论与不可知论的标准。思维与存在的关系，类似于抽象的太极文化和具象的太极图，如同太极图中的阴与阳。而哲学体系中的主观与客观、唯心与唯物、对立与统一、绝对与相对、微观与宏观、运动与静止、量变与质变、理论与实践等等都是太极文化所蕴含并揭示的问题。

　　每个时代都会有圣贤产生哲思，并影响世人和社会的发展。老庄之道和孔孟之儒等我国古代哲学流派流传之久、影响之深，是有目共睹的。其中，以阴阳为核心的太极文化，作为我国最初的朴素哲学思想，一贯古今、融通东西，始终具有永恒的价值。马克思主义哲学是自然、社会和思维发展普遍规律的科学理论，一方面是指导我国实践取得了巨大的成功，另一方面是在我国实践中得以丰富和发展。作为开心太极文化具象表现的开心太极球，依然凝结着中国历代圣贤对哲学的思考，也将为马克思主义哲学在新时代中国特色社会主义建设时期的发展作出新的贡献。

马克思主义哲学在我国能够生根发芽，得益于中国传统文化中古朴的唯物与辩证思维。国家主席习近平访问韩国时在首尔大学发表演讲说："中国太极文化由来已久……我们最能领会阴阳相生、刚柔并济的古老哲理。"而这一富有古老哲理的太极文化在今天所担负的使命或许会超出我们的想象。

爱因斯坦曾经写道："在目前，我们完全没有任何决定论性的理论，它既能直接描述事件本身，而又同事实相符合。"❶事实上，作为太极文化具象表现的开心太极球已经具备了这样的功能，完美地实现了道器合一的境界和追求。开心太极球从太极理论出发，阐述了大道生一，一分为二，合二为一，三生万物的哲学思想，始终凝结着中国历代圣贤对哲学的思考，揭示着人和世界、思维和存在等复杂的关系，其中所蕴含的整体、时空、辩证的太极思维，可谓人类种种思维方式的基元思维。

---

❶ ［德］爱因斯坦：《爱因斯坦文集》第 1 卷，许良英、范岱年编译，商务印书馆 1976 年版，第 394 页。

第三，开心太极球蕴含着丰富的科学思想。

"一阴一阳谓之道"，"万物负阴而抱阳"，"人法道，道法自然"，太极文化博大精深。作为我国最初的朴素的哲学之火种，太极文化是以太极理念为基础的一种具有社会共识性的实践成果，揭示了天玄地黄的自然规律，点亮了《黄帝内经》和《道德经》等先人智慧的灯塔。太极文化无疑是我国优秀传统文化最光辉的一脉，积淀于中华民族的历史中，流淌在炎黄子孙的血液里。

中国先贤在对宏观宇宙和微观事物的观察中，用黑白、阴阳这一类相对的概念对自然事物变化规律做了最高度的概括。阴阳符号象征着宇宙间都是由阴阳两面组合而成，并且永远存在两面性；阴阳是不断变化的，它们之间的关系有可能由阴转阳，或由阳转阴，抑或是阴中含阳，阳中含阴。因此，宇宙间万事万物永远都是在阴阳的互根互存、消长转化的状态下不断往复、循环发展的。中国的"和谐"思想就是在这个基础上逐步发展起来的，它不仅是我国古代社会追寻的目标，也是现代中国力图实现的美好社会理想。开心太极文化以阴阳和合理念为核心，而球体外形又展现出了圆融的中国文化精神，从任何角度看都能体会阴阳共生的和谐，感受"天人合一"的意味。太极大无外，太极小无内，物物一太极，事事一太极，人人一太极。（如图 89）开心太极文化在人类发现问题、解决问题的实践中，也必将会作出新的贡献。

1705 年德意志数学家莱布尼茨的二进制与《周易》阴阳二元体系存在密切关联，此后陆续有科学研究成果

图 89 太极·慧眼

进一步表明宇宙运转的本质与太极阴阳思想之间的相关性。例如，以二进制为应用基础的计算机的发明；1947年丹麦诺贝尔奖获得者玻尔，针对量子的波动性和粒子性之争，提出的"互补原理"及其"互斥即互补"的名言；我国还将空间引力波探测与研究的计划命名为"空间太极计划"，其中暗含探测原初引力波就是研究宇宙起源的含义；如果仔细观察开心太极球的两个流变曲面，可能会发现与DNA分子双螺旋结构有着极为相似之处，而这或许也暗示着生命起源和发生、发展的某些规律。

因此，太极、阴阳和合的思想不仅是古老的、传统的思想，它还是古人基于对于世界运作方式的高度总结，其中凝结了千年的智慧；它不仅与现代科学的研究成果相一致，还不断启迪着科学研究的进一步发展。

第四，开心太极球蕴含着与时俱进的时代思考。

中国今天的新时代，是以人民为中心、发展为要务，不断满足人民对美好生活需求的新时代，是习近平新时代中国特色社会主义思想指引下，实现中华民族伟

开心太极

大复兴的新时代。我们呼唤悠久而深邃太极文化走进新时代，成为弘扬中国精神，凝聚中国力量，和睦民族团结，实现民族复兴的推动机和加速器。

太极文化从人文始祖伏羲的初创，到崇尚中道周文王的演绎，以及道统始祖老子和儒门圣人孔子等历代古圣先贤智慧的结晶。特别是宋初著名儒者周敦颐《太极图说》将太极文化进一步推升，从而也奠定了太极文化在中国优秀传统文化中的重要地位。太极文化不仅成为儒家文化与道家文化的根基，也浸透在每一位炎黄子孙的血脉里。正是基于如此悠久深厚的历史文化传统，开心太极球才越发弥足珍贵。

马克思主义能够在中国落地生根，发扬光大，原因之一是中华文化为其提供了深厚的土壤。共产主义远大理想与中国圣贤向往的"大同"社会，倡导的"天下为公"均有相同与相契。对立统一规律与太极文化中的"一阴一阳"和"有无相生，难易相成，长短相形，高下相倾，音声相和，前后相随"等辩证思维一脉相承。"天人合一"也与马克思"自然的人化和人的自然化及其统一"同出一辙。历史表明，马克思主义中国化，很重要的就是马克思主义与中华文化深度结合，这一过程又不断催生理论和实践的新飞跃。

创新、协调、绿色、开放、共享的五大发展理念，经济、政治、文化、社会、生态文明五位一体的总体布局，全面建成小康社会、全面深化改革、全面依法治国、全面从严治党的四个战略布局等治国理政思想，开辟了 21 世纪马克思主义发展的新境界，使我们具有更充分的道路自信、理论自信、制度自信和文化自信。五位一体、四个全面等整体性的构建与实践，托起了中华民族伟大复兴的中国梦。太极文化中的两仪、四象、八卦等各有所位，各有所用，但都体现了统一于一圆的整体观，这在开心太极球的立体观感中得到更为直观的表达。

在新时代中国特色社会主义的实践中，以开心太极球作为媒介，深入挖掘太极文化蕴含的思想观念、人文精神、道德规范，结合时代要求加以继承创新，太极文化通过创造性转化和创新性发展，成为人民奋斗向上的精神力量和民族团结和谐的精神纽带。积极推广开心太极球，让太极文化走进新时代，有利于为弘扬中国精神，凝聚中国力量，和睦民族团结，实现民族复兴作出应有的贡献，进而使太极文化得以更好地传承，体现更好的时代价值。

第五，开心太极球彰显着对文化作品"双创"的思考。

中华优秀传统文化之太极文化，要在中华民族伟大复兴的征程上得以创造性转化、创新性发展，才能焕发出勃勃生机，才能成为助推社会和谐发展的精神力量，才能成为助力人们智慧启迪增生的思想源泉。开心太极文化，是在太极文化基础上的传承与创新，是属于这个时代的成果，并具有很好的发展前景。

先进的文化，应具有传承的历史性和发展的时代性，在推动社会文明的进步中发挥引导作用。先进的文化，应具有跨越时空、超越国度的永恒魅力，具有群众基础与当代价值的文化精神，具有面向世界、走向未来的发展活力。开心太极文化，传承了太极文化中阴阳和合的理念，蕴含了中华民族和而不同的包容品德和生生不息的奋斗精神，与马克思主义唯物辩证观一脉相承，与人类命运共同体之理念相契相和。开心太极的文化基因与当代文化相适应、与现代社会相协调，彰显了有序存在、相互协调的人类和谐发展的美好愿景。在符合现代价值理念和科学研究成果的基础上，太极球的审美意味也值得关注和重视。

开心太极球从外形上看是由立体的阴阳两部分组成，表明任何事物都是由虚实相互嵌套的统一体；器物的外形是球体，表示事物运动（变化）的基本形式是圆；球面的圆圈表明阴阳相互包含的关系。从整体上来说，球面的太极表明太极无处不在、无时不在，小可无内，大可无边；阴阳和合的表现形式表明任何事物都是阴阳的统一体，即合二为一，阴阳对称则表明稳定事物的内部结构平等，能量均衡；其中阴阳体之间存在距离，象征任何事物都具有相对独立的两面性，即一分为二、阴阳相隔，但如果间距超过一定的极限，不是归一就是归零。整个球体是虚实相成的，揭示了任何事物皆由虚实两部分组成，即实际看得见的实体部分和看不见的无形规律，构成世间万物的运转，开心太极球所要展现的正是这种含义。

总的来说，开心太极是一个基于太极理念之上的迭代理论，它既可以解释客观事物的现象和规律，也可以指导人类社会的实践活动。开心太极文化是一种基于太极文化之上的意识形态，它是对优秀传统文化的传承，也是对优秀传统文化的创新。开心太极球是一个基于太极图之上的立体结构，它不仅是一个极简极美的艺术品，也是一个有思想灵魂的艺术品。开心太极与开心太极球之道器合一的完美展现，使得开心太极文化更具有群众性、思想性和传播性。

开心太极文化悠久而深邃，我们既不能让它束之高阁、唯以炫耀，也不能把它过分夸大，崇以神话，而应以辩证唯物主义和历史唯物主义的观点，让开心太极文化紧跟时代的步伐，将博大精深的太极文化提升凝练，在创造性转化和创新性发展中服务于中华民族的伟大复兴。

　　"泰豐"开心太极球（见图90）选取泰山玉为原材料，更是为整个球体赋予了丰富的人文价值。众所周知，泰山在中国乃是处于"五岳独尊"的地位，清阮元《泰山志·序》有云："山莫大于泰山，史亦莫古于泰山。"不仅历代帝王有泰山封禅之举，文人墨客乃至道士僧人都对泰山推崇备至，可以说泰山象征着中国文化的缩影，是历朝历代多少人心向往之地。泰山地位之所以如此卓绝，是因为它所代表的文化内涵与中国传统

图90　太极·天球德玉

文化所追求的目标是一致的，就是和谐。泰山被古人视作是实现"天人合一"的桥梁，是政局稳定、国泰民安的象征，亦是三教合流、圆融共处的福地，这与"太极"的品质与内涵不谋而合。出产自泰山的玉石，不仅在物理上有颗粒细小、分布均匀、结构致密的特点，色泽柔美沉稳、质地细腻温润，在文化内涵上更是蕴含着泰山所具有的独特品质。用泰山玉制成的开心太极球饱含泰山之麓的灵气，富有泰山稳重、卓绝的品质。用泰山玉来作为"太极"的载体，使开心太极文化和泰山文化相得益彰、融为一体，是中华优秀传统文化在新时代中国特色社会主义不断取得创造性转化与创新性发展的典范。

诚然，载道之器的开心太极球，不仅可以延续玉质天成的文化脉络，制作出诸如和田玉、翡翠等艺术品，还可以用金银铜等金属材质，以及琉璃、陶瓷等传统工艺，制作出大众喜闻乐见、融入生活的艺术品。让各种各样的开心太极球在人们随身佩戴、居家收藏的过程中，体味开心太极文化的魅力，感悟开心太极文化的智慧。

# 结　语

太极是以阴阳为核心的一种哲学理念，产生并成熟于中华文明的起源时期，是古人对形而上世界认识的集中反映，是对宇宙本源思考的高度概括，是中国优秀传统文化的高度凝练和结晶。作为中华优秀传统文化的标志性符号，太极展现出以儒为主、儒道互补、综合百家、超越百家以及会通三教的学术品格和文化风范，是中华民族优秀传统文化的灵魂和瑰宝，在中国思想文化史上占有重要地位，也是世界文明宝库最宝贵的组成部分。

太极文化是以太极理念为基础的一种具有社会共识性的实践成果，太极图和开心太极球都可视为其典型代表和核心组成部分。太极图是古人为我国最精深的思想文化概念和体系进行的精炼概括，是博大精深、源远流长的太极文化的集中体现，也是我们感悟中华优秀传统文化的良好门径。在历史上出现的各式太极图中，阴阳鱼太极图是在邵雍先天易图、周敦颐太极图和杨甲太极图等基础上的融合凝练而来。它不仅在视觉效果上给人优雅从容的观感体验，而且以图像的形式表现了道器不分、有无不二。太极与两仪四象八卦混而为一的思想囊括了道器、有无、太极与两仪四象八卦等一切道理，完美地融合了宋代以来太极、阴阳方面的哲学思考，是易图学发展的最高成果，是对中华智慧最精炼的概括和最完美的体现，是中华优秀传统文化的缩影和标志。

开心太极球运用现代科技手段将平面太极图立体化，并从外形、材料、制式等方面表达出了较太极图来说更为丰富的内涵，是一件"意"与"象"完美融合的艺术品，其在价值观、科学、美学、哲学等方面更有完美的展现。作为太极文化的器物显现，开心太极球是《周易》变通、创新的精神在新时代的集中体现，它用最简单的物型向世人展现一种"合一"的观念：天人合

一、人与自然合一、人的身心合一，是传统文化的现代化表达，它追求的和谐的境界也与当今主流价值理念相一致。开心太极球不仅是古老智慧的具象化呈现，更是人、事、物本自太极的缩影，其优美的形态、丰富的内涵、崇高的理念又使它能够成为"道器合一"的典范。

"文化兴国远兴，文化强民族强。""建成文化强国"纳入"2035 年基本实现社会主义现代化远景目标"，文化产业必将迎来新的发展机遇，而跨跃国度、超跃时空的太极文化及其产业也必将会绽放新的辉煌。

# 参考文献

## 一、古籍

[1]（三国魏）王弼、（晋）韩康伯注，（唐）孔颖达等正义：《周易正义》，（清）阮元校刻《十三经注疏》，中华书局 1980 年影印本。

[2]（宋）周敦颐著，陈克明点校：《周敦颐集》，中华书局 2010 年版。

[3]（宋）邵雍著，郭彧整理：《邵雍集》，中华书局 2014 年版。

[4]（宋）程颢、程颐著，王孝鱼点校：《河南程氏外书》，中华书局 2008 年版。

[5]（宋）朱熹：《周易本义》，《朱子全书》第 1 集，上海古籍出版社、安徽教育出版社 2002 年版。

[6]（宋）朱熹：《易学启蒙》，《朱子全书》第 1 集，上海古籍出版社、安徽教育出版社 2002 年版。

[7]（宋）朱熹：《太极图说解》，《朱子全书》第 13 集，上海古籍出版社、安徽教育出版社 2002 年版。

[8]（宋）黎靖德编：《朱子语类》，《朱子全书》第 14 集，上海古籍出版社、安徽教育出版社 2002 年版。

[9]（宋）黎靖德编：《晦庵先生朱文公文集》，《朱子全书》第 21—24 集，上海古籍出版社、安徽教育出版社 2002 年版。

[10]（宋）赵㧑谦：《六书本义》，《文渊阁四库全书》，台湾商务印书馆 1986 年影印本。

[11]（宋）张行成：《皇极经世观物外篇衍义》，《文渊阁四库全书》，台湾商务印书馆 1986 年影印本。

[12]（宋）张行成：《易通变》，《文渊阁四库全书》，台湾商务印书馆 1986 年影印本。

[13]（宋）陆九渊著，钟哲点校：《陆九渊集》，中华书局 2008 年版。

[14]（宋）杨甲：《六经图》，《文渊阁四库全书》，

台湾商务印书馆 1986 年版。

[15]（元）俞琰：《易外别传》，《文渊阁四库全书》，台湾商务印书馆 1986 年影印本。

[16]（明）章潢：《图书编》，《文渊阁四库全书》，台湾商务印书馆 1986 年影印本。

[17]（清）黄宗羲原著、全祖望补修，陈金生、梁运华点校：《宋元学案》，中华书局 2013 年版。

[18]（清）李钧简：《周易引经通释》，续修四库全书编纂委员会编《续修四库全书》第 25 册，上海古籍出版社 2002 年版。

[19]（清）刘沅：《周易恒解》，《续修四库全书》第 26 册，上海古籍出版社 2002 年版。

[20]（清）济一子：《樵阳经》，《藏外道书》第 11 册，巴蜀书社 1994 年版。

## 二、论著

[1] 朱伯崑主编：《易学基础教程》，九州出版社

2011 年版。

[2] 朱伯崑：《易学哲学史》第二卷，昆仑出版社 2005 年版。

[3] 侯外庐等主编：《宋明理学史》，人民出版社 1997 年版。

[4] 唐明邦：《先天易学象数思维模式管窥》，朱伯崑主编《国际易学研究》第三辑，华夏出版社 1998 年版。

[5] 陈睿宏：《图书易学的延续与开展——论元代张理图书易学之重要内涵》，《东华汉学》第 19 期。

[6] 詹石窗：《易学与道教思想关系研究》，厦门大学出版社 2001 年版。

[7] 邓立光：《河图洛书含蕴之宇宙论意义》，朱伯崑主编《国际易学研究》第四辑，华夏出版社 1998 年版。

[8] 郑吉雄：《易图象与易诠释》，华东师范大学出版社 2008 年版。

[9] [日] 吾妻重二：《〈太极图〉之形成——围绕儒佛道三教的再检讨》，吴震、吾妻重二主编《思想与文献：日本学者宋明儒学研究》，华东师范大学出版社

2010 年版。

[10] [日] 山井涌:《朱子哲学中的"太极"》,吴震、吾妻重二主编《思想与文献:日本学者宋明儒学研究》,华东师范大学出版社 2010 年版。

[11] 李仕澂:《〈太极图〉的哲学思辨》,张涛主编《周易文化研究》第六辑,社会科学文献出版社 2013 年版。

[12] 姜海军:《刘牧易学的承传、诠释及影响探析》,张涛主编《周易文化研究》第五辑,社会科学文献出版社 2014 年版。

[13] 徐芹庭:《易图源流:中国易经图书学史》,中国书店 2008 年版。

[14] 李申:《易图考》,中央编译出版社 2018 年版。

[15] 李尚信、施维整理:《周易图释精典》,巴蜀书社 2004 年版。

[16] 常秉义:《易经图典精华》,光明日报出版社 2005 年版。

[17] 徐瑞:《周易符号学概论》,上海科学技术文献出版社 2013 年版。

**图书在版编目（CIP）数据**

开心太极 / 张涛，吴笑天，董梦妤 著 . —北京：东方出版社，2020.12

ISBN 978-7-5207-1550-8

I. ①开⋯　II. ①张⋯②吴⋯③董⋯　III. ①太极－通俗读物　IV. ① B2－49

中国版本图书馆 CIP 数据核字（2020）第 094393 号


**开心太极**

（KAIXIN TAIJI）

作　　者：张　涛　吴笑天　董梦妤

策　　划：史洪岳

责任编辑：宫　共

封面设计：史洪岳　源　源

版式设计：汪　莹

出　　版：东方出版社

发　　行：人民东方出版传媒有限公司

地　　址：北京市东城区朝阳门内大街 166 号

邮政编码：100706

印　　刷：北京华联印刷有限公司

版　　次：2020 年 12 月第 1 版

印　　次：2020 年 12 月北京第 1 次印刷

开　　本：880 毫米 ×1230 毫米 1/32

印　　张：7

插　　页：1

字　　数：102 千字

书　　号：ISBN 978 - 7-5207-1550-8

定　　价：49.00 元

发行电话：（010）64258117　64258115　64258112